France-Algérie

LES PASSIONS DOULOUREUSES

Benjamin Stora

France-Algérie

LES PASSIONS DOULOUREUSES

Albin Michel

Rapport sur les questions mémorielles portant sur la colonisation et la guerre d'Algérie

pour Monsieur le Président de la République, Emmanuel Macron

« J'ai aimé avec passion cette terre où je suis né, j'y ai puisé tout ce que je suis, et je n'ai jamais séparé dans mon amitié aucun des hommes qui y vivent, de quelque race qu'ils soient. Bien que j'aie connu et partagé les misères qui ne lui manquent pas, elle est restée pour moi la terre du bonheur, de l'énergie et de la création. »

Albert Camus,
« Appel pour une trêve civile en Algérie ».
22 janvier 1956

« Le pays se réveille aveuglé par la colère et plein de pressentiments ; une force confuse monte en lui doucement. Il est tout effrayé encore mais bientôt il en aura pleinement conscience. Alors, il s'en servira et demandera des comptes à ceux qui ont prolongé son sommeil. »

Mouloud Feraoun, *Journal, 1955-1962.*

Le président de la République m'a confié en juillet 2020 une mission pour la rédaction d'un rapport sur les questions mémorielles portant sur la colonisation, et la guerre d'Algérie. Il écrivait, dans la lettre de mission : « Je souhaite m'inscrire dans une volonté nouvelle de réconciliation des peuples français et algérien. Le sujet de la colonisation et de la guerre d'Algérie a trop longtemps entravé la construction entre nos deux pays d'un destin commun en Méditerranée. Celles et ceux qui détiennent entre leurs mains l'avenir de l'Algérie et de la France n'ont aucune responsabilité dans les affrontements d'hier et ne peuvent en porter le poids. Le devoir de notre génération est de faire en sorte qu'ils n'en portent pas les stigmates pour écrire à leur tour leur histoire. Ce travail de mémoire, de vérité et de réconciliation, pour nous-mêmes et pour nos liens avec l'Algérie, n'est pas achevé et sera poursuivi. Nous savons qu'il prendra du temps et qu'il faudra le mener avec courage, dans un esprit de concorde, d'apaisement et de respect de toutes les consciences. Aussi, conscient et respectueux de vos engagements, je souhaite pouvoir compter sur votre expérience et votre connaissance intime et approfondie de ces enjeux pour nourrir nos réflexions et éclairer nos décisions, en vous confiant une mission de réflexion. »

Cette initiative intervenait après que le Président eut critiqué le système colonial, lors d'un déplacement à Alger en février 2017. D'autres initiatives avaient suivi. Il y avait eu, en 2018, la reconnaissance de la responsabilité de l'État français dans la mort du mathématicien Maurice Audin, disparu en 1957 à Alger. Et plus récemment, le Président français a honoré sa promesse de restituer à Alger les crânes des Algériens tués en 1849 lors de la conquête du pays, et dont les restes avaient été conservés au musée de l'Homme, à Paris.

Le rapport que j'ai remis au Président en janvier 2021 aborde plusieurs questions. D'abord, les traces, survivances, effets des mémoires de la colonisation et de la guerre d'Algérie sur la société française. De l'installation de l'oubli à la séparation des mémoires. Puis, sont exposés et discutés les différents discours des chefs d'État français à propos de l'Algérie, du passage des indépendances à nos jours ; avec un bref inventaire des initiatives prises par les sociétés civiles entre les deux pays. Dans une dernière partie sont traitées les questions relatives aux archives en général, celle des personnes disparues en particulier, de la connaissance et reconnaissance du fait colonial et de la guerre d'Algérie. Le rapport présente enfin différentes préconisations à mettre en œuvre pour une possible réconciliation mémorielle entre la France et l'Algérie.

Au moment où la rédaction de ce rapport touchait à sa fin, des attentats meurtriers ont frappé la France, la décapitation du professeur d'histoire Samuel Paty, et l'assassinat à Nice de trois fidèles dans une église, victimes du terrorisme islamiste. Ces questions, en particulier le rapport entre le travail d'éducation et le surgissement de la violence, sont abordées à la fin de ce rapport. À l'heure de la compétition victimaire et de la reconstruction de récits fantasmés, on verra que la liberté d'esprit et le travail historique sont des contre-feux nécessaires aux incendies de mémoires enflammées, surtout dans la jeunesse.

PARTIE I

ALGÉRIE, L'IMPOSSIBLE OUBLI LES EFFETS DE MÉMOIRES

« Ne peut-on pas dire que certains peuples souffrent d'un trop de mémoire, comme s'ils étaient hantés par le souvenir des humiliations subies lors d'un passé éloigné et aussi par celui des gloires lointaines ? Mais ne peut-on pas dire au contraire que d'autres peuples souffrent d'un défaut de mémoire comme s'ils fuyaient devant la hantise de leur propre passé ? »

Paul Ricœur, « Le pardon peut-il guérir ? »,
Esprit 3-4 (1995), 77.

« Ce sont des âmes d'ancêtres qui nous occupent, substituant leur drame éternisé à notre juvénile attente, à notre patience d'orphelins ligotés à leur ombre de plus en plus pâle, cette ombre impossible à boire ou à déraciner – l'ombre des pères, des juges, des guides que nous suivons à la trace, en dépit de notre chemin. »

Kateb Yacine, *Nedjma*, 1956.

Un exercice difficile, mais nécessaire

La représentation du passé n'est pas un acte anodin quand il s'agit de la guerre d'Algérie, car elle touche à plusieurs groupes de personnes traumatisées (soldats, officiers, immigrés, harkis, pieds-noirs, Algériens nationalistes). Et quand ces représentations entrent en contradiction avec des discours dominants, officiels, la réminiscence devient alors moins évidente, plus douloureuse, et l'analyse de ce passé est plus confuse, délicate. Pour les sociétés française et algérienne, que faire de toutes les traces de guerre qui hantent les mémoires ? Quel statut donner aux souvenirs des uns et des autres ? Quelle interprétation faire de ces silences que les sociétés accumulent pour continuer à vivre ensemble ? Et faut-il tout raconter, tout dévoiler des secrets de la guerre ? La question de la fidélité de la mémoire, de la représentation de la chose passée n'est pas simple.

Les relations entre les deux pays restent donc, soixante ans après l'indépendance de l'Algérie, difficiles, complexes, tumultueuses. La rédaction commune d'un manuel scolaire, sur le modèle franco-allemand, n'est pas envisagée. Un « traité d'amitié », à la suite de la visite de Jacques

Chirac à Alger en 2003, n'est pas, non plus, à l'ordre du jour. Les polémiques sur le passé, de la conquête coloniale française au XIXe siècle à la guerre d'Algérie des années 1950, ne cessent de rebondir. Dans ces querelles incessantes, il est possible de voir la panne de projets d'avenir entre les deux pays. Exprimant la pensée de plusieurs intellectuels et universitaires, le politiste et philosophe Raphaël Draï, de la communauté juive de Constantine, avait ainsi expliqué, en 2000, dans un dialogue avec l'universitaire islamologue Bruno Étienne : « Je n'ai jamais abandonné l'idée, non pas exactement d'un retour en Algérie, mais d'une réconciliation avec l'Algérie devenue indépendante. J'ai toujours ressenti mon départ d'Algérie comme profondément injuste. Comme une sanction pour une faute que je n'avais pas commise personnellement. Cela dit, je n'ai pas essayé de l'imputer à d'autres, je l'ai affectée à l'irrationalité de l'Histoire, à sa dureté. Et, plutôt que d'essayer de comprendre ce qui ne me paraissait pas relever du domaine de l'explicable simple, j'ai pensé que le plus important était de maintenir la possibilité même de la réconciliation. J'ai longuement médité sur la tragédie que nous avions vécue. Tragédie que j'ai toujours mise dans la perspective de cette réconciliation[1]. »

Singularité d'un conflit

La guerre d'Algérie a longtemps été nommée en France par une périphrase – « les événements d'Algérie » – tandis que, de l'autre côté de la Méditerranée, les Algériens construisaient leur mémoire antagoniste de « la guerre

1. Raphaël Draï, in *La Pensée de midi*, entretien avec Bruno Étienne, février 2000, p. 106.

d'indépendance ». Soixante ans après, l'Histoire est encore un champ en désordre, en bataille quelquefois. La séparation des deux pays, au terme d'un conflit cruel de sept ans et demi, a produit de la douleur, un désir de vengeance et beaucoup d'oublis. Les mémoires sont composites en France : nostalgie langoureuse du pays où « la mer est allée avec le soleil », Atlantide engloutie de l'Algérie française, hontes enfouies de combats qui ne furent pas tous honorables, images d'une jeunesse perdue et d'une terre natale à laquelle on a été arraché.

Quelquefois d'une image, d'un son, d'un mot jaillit la vérité de l'un de ces jeunes Français – un million et demi – qui ont été envoyés pour combattre en Algérie entre 1954 et 1962, ou de ces familles de pieds-noirs soudées par tant de souvenirs accumulés, ou encore d'un nationaliste algérien qui a vécu l'injustice coloniale et a trop longtemps attendu l'indépendance.

C'est un exercice difficile que d'écrire sur la colonisation et la guerre d'Algérie, car longtemps après avoir été figée dans les eaux glacées de l'oubli, cette guerre est venue s'échouer, s'engluer dans le piège fermé des mémoires individuelles. Au risque ensuite d'une communautarisation des mémoires.

Aujourd'hui, en France, plus de sept millions de résidents[1] sont toujours concernés par l'Algérie, ou plutôt, pour être totalement exact, par la mémoire de l'Algérie. Hautement problématique, celle-ci fait l'objet d'une concurrence de plus en plus vive. Pour les grands groupes porteurs de cette mémoire, comme les soldats, les pieds-noirs, les harkis ou les immigrés algériens en France, l'en-

1. Pieds-noirs, immigrés, appelés, militants contre la guerre, « porteurs de valises », partisans de l'Algérie française, et enfants, familles de tous ces groupes.

jeu quelquefois n'est pas de comprendre ce qui s'est passé, mais *d'avoir eu raison dans le passé.* La mémoire n'est pas seulement connaissance ou souvenir subjectif de ce qui a eu lieu, surgissement du passé dans le présent, elle se développe comme porteuse d'affirmation identitaire et de revendication de reconnaissance.

Et l'on voit bien alors comment, « si la mémoire divise, [...] l'Histoire peut rassembler », selon la belle formule de l'historien Pierre Nora.

La guerre d'indépendance algérienne fut, avec celle d'Indochine, la plus dure guerre de décolonisation française du XXe siècle. Comment comprendre l'âpreté de ce conflit ? Au moment où éclate l'insurrection du 1er novembre 1954, l'Algérie « c'est la France ». Elle représente trois départements français. Beaucoup plus, donc, qu'une colonie lointaine comme le Sénégal, ou que la Tunisie, simple protectorat.

Près d'un million d'Européens, ceux que l'on appellera plus tard les « pieds-noirs », y travaillent et y vivent depuis des générations. Ce ne sont pas tous des « grands colons » surveillant leurs domaines. La plupart ont un niveau de vie inférieur à celui des habitants de la métropole. Il semble donc hors de question d'abandonner une population, et un territoire rattaché à la France depuis 1830, avant même la Savoie (1860). La découverte du pétrole, la nécessité d'utiliser l'immensité saharienne pour de premières expériences nucléaires ou spatiales vinrent s'ajouter à ces motifs dans le cours même de la guerre.

En Algérie, cette guerre se nomme « révolution ». Elle est toujours célébrée comme l'acte fondateur d'une nation recouvrant ses droits de souveraineté par une « guerre de libération ». Cette séquence se vit aussi comme un traumatisme profond : déplacements massifs de populations rurales, pratique de la torture, internements arbitraires et exécutions sommaires. La commémoration, unanimiste, n'aborde pas les divisions internes du nationalisme algérien, en particulier les terribles affrontements entre les partisans du vieux chef, Messali Hadj, et le FLN (les affrontements entre les deux organisations, FLN contre MNA, feront plusieurs milliers de morts dans l'immigration en France et dans les maquis en Algérie) ; ni les représailles cruelles contre les harkis, ces forces fidèles à la France.

En France, la guerre d'Algérie se lit toujours comme une page douloureuse de l'histoire récente : pas de commémoration consensuelle de la fin de la guerre, peu de grands films. Pourtant, cette guerre de sept années, qui alors n'osa jamais dire son nom, a été un moment considérable. Elle a provoqué la chute d'une République, la IVe, et la naissance de la Ve, avec une nouvelle Constitution ; l'entrée en politique d'une génération que l'on retrouvera en 1968 ; des fractures dans l'armée française qui, se croyant victorieuse sur le terrain, refuse l'issue politique de l'indépendance algérienne ; le départ de près d'un million de pieds-noirs, de harkis, et leurs familles, vers la métropole.

À l'affrontement visible entre nationalistes algériens et État français viennent ainsi s'ajouter d'autres guerres, entre Français, et entre Algériens. Mais pour un grand nombre d'historiens français, la responsabilité première du conflit se comprend par l'établissement d'un système colonial très fermé, interdisant pendant plus d'un siècle la progression des droits pour les « indigènes musulmans ». Dans la compréhension des violences commises, il ne s'agira donc pas de renvoyer dos à dos Français et Algériens dans la conduite de la guerre[1]. Du côté algérien,

1. Ainsi Emmanuel Alcaraz dénonce les propos de ceux qui « pointent les atrocités commises des deux côtés, cherchant un

dans un long entretien publié dans l'édition du 26 mai 2011 du journal *El Watan*, l'historien Mohammed Harbi s'exprime sur les tabous liés aux conflits internes du nationalisme algérien, à l'histoire des juifs d'Algérie, aux harkis et aux pieds-noirs. Le fait de ne pas avoir traité ces problèmes « a fait le lit de l'islamisme ». Il évalue ainsi le nombre de harkis et goumiers à environ 100 000 hommes et il estime à quelque 50 000 les victimes algériennes des actes du FLN/ALN, dont nombre de militants nationalistes authentiques. Préconisant une déconstruction de la pensée nationaliste, il estime que la question identitaire et celle de l'autoritarisme sont deux problèmes majeurs qu'il est impératif de dépasser pour « aller vers une Algérie nouvelle et apaisée ».

Cheminement des mémoires

L'indépendance de l'Algérie, en France, sera suivie par une longue période d'abandon et de latence. Le travail universitaire, en ce domaine, restera en friche pendant plusieurs décennies. La plupart des intellectuels français se désintéressent de l'Algérie après 1962. Le dernier grand travail de Pierre Bourdieu et d'Abdelmalek Sayad sur ce sujet date justement de 1964[1]. L'Algérie accédant au statut d'acteur de sa propre histoire n'éveille plus l'inté-

---

équilibre qui méconnaît les causes fondamentales de la lutte contre les dénis de droits, la dépossession et la répression continue. Mais, à chaque fois, ils cherchent à mettre en avant la responsabilité du FLN et à minorer celle de la France coloniale », in *Le Quotidien d'Oran*, 22 décembre 2018.

1. Pierre Bourdieu et Abdelmalek Sayad, *Le Déracinement. La crise de l'agriculture traditionnelle en Algérie*, Paris, Éd. de Minuit, juin 1964.

rêt, à l'exception notable du grand travail du journaliste Yves Courrière publié en 1968 sur la guerre d'Algérie. En 1974, Laurent Theis et Philippe Ratte publient des extraits des actes d'un séminaire tenu en 1972 au moment du dixième anniversaire de l'indépendance de l'Algérie, à l'École normale supérieure, sur la manière dont les lecteurs français furent informés des « événements d'Algérie ». Pour l'animer, ils avaient réuni quinze personnalités, de tendances différentes, ayant tenu un rôle dans les milieux de la presse[1]. À ce moment-là, l'historien Charles-Robert Ageron soutient sa thèse, monumentale, sur *Les Algériens musulmans et la France*, René Gallissot poursuit son travail de recherche sur les rapports entre communisme et nationalisme, et Gilbert Meynier prépare sa grande thèse sur l'Algérie pendant la Première Guerre mondiale (qu'il soutiendra sous le titre *L'Algérie révélée* en 1979[2]). Mais on assiste en France à un tarissement de la production du savoir universitaire sur l'Algérie et le Maghreb en général, tandis que prolifèrent les livres de témoignage et toute une littérature de la souffrance qui vient souffler sur les braises de l'Algérie française[3].

En Algérie, après l'indépendance, le rapport à l'histoire se complexifie, marqué par des événements fondateurs et des fractures essentielles, comme celle du rapport à la guerre : comment l'inscrire dans une histoire de longue durée, dans l'histoire immédiate, alors que les acteurs

1. Laurent Theis et Philippe Ratte (dir.), *La Guerre d'Algérie ou le temps des méprises,* Tours, Paris, Éd. Mame, 1974.

2. Thèse soutenue le 9 juin 1979 à l'université de Nice, et publiée en 1981 aux éditions Droz, avec une préface de Pierre Vidal-Naquet.

3. Sur cette période, voir le beau livre de Catherine Brun (éd.), *Algérie. D'une guerre à l'autre*, Paris, Presses Sorbonne Nouvelle, septembre 2014.

du champ politique sont également les acteurs de l'histoire ? D'autre part, concernant l'histoire de la guerre d'indépendance, les autorités algériennes, après la crise de juillet 1962, ont fait un certain nombre de choix. En particulier, celui de la mise en place d'un imaginaire de guerre comme ultime référence. Cela a permis l'occultation de la dimension politique du combat, des acteurs et des événements. Le référent guerrier a dominé le champ intellectuel et le champ politique. Cette conception du récit historique a été critiquée par l'historien algérien Mohammed Harbi dans ses ouvrages *Aux origines du FLN*, publié en 1975, et *Le FLN, mirage et réalité*, publié en 1980[1].

Du côté français, le grand problème de l'historiographie de l'Algérie et de la guerre repose sur le fait que l'on assiste à la fois à une sorte d'absence lancinante, d'amnésie, de refoulement, et à une profusion d'écrits autobiographiques qui ont envahi le champ éditorial pendant une vingtaine d'années. En quelque sorte, l'absence d'histoire a été en partie comblée par des gardiens vigilants de la mémoire, qui interdisaient évidemment à tous les autres de prononcer la moindre parole. De l'autre côté, en Algérie, on a été confronté à une sorte de trop-plein de l'histoire, ou plus exactement à une survalorisation de l'imaginaire guerrier qui visait à expliquer le surgissement de l'État-nation par la guerre, et pas seulement par la politique.

En somme, les historiens devaient se débattre entre un oubli impossible et un trop-plein de mémoire. Le travail historique a consisté à la fois à compenser cette absence d'histoire du côté français et à se défier du trop-plein d'histoire du côté algérien.

1. Mohammed Harbi a également publié *Les archives de la révolution algérienne*, aux éditions Jeune Afrique, en 1981.

Des années 1960 aux années 1980, il fallait en France « oublier » l'Algérie, effacer le traumatisme de l'exil pour des centaines de milliers de pieds-noirs ; dépasser les sentiments de honte ou de culpabilité pour certains soldats d'avoir été acteurs d'une guerre où ils étaient entrés et sortis en aveugles ; se libérer du sentiment d'abandon ou de trahison pour ceux qui avaient cru en l'Algérie française. Dans la société de consommation des Trente Glorieuses, il fallait oublier pour avancer, pour vivre.

Mai 68 est arrivé très vite, six ans après seulement l'indépendance, s'installant, et ignorant cette amertume secrète pour « ensevelir » l'Algérie. La « génération des militants de 68 », aujourd'hui composée d'individualités éclatées, a évolué avec le culte de la politique et de la bataille d'idées. Pour beaucoup d'entre eux, tout au long des années 1970, la question coloniale était une affaire dépassée. Avec la guerre du Vietnam, le moment était celui de la « lutte anti-impérialiste ». Pour l'Algérie, il fallait désormais s'atteler à la construction d'un pays socialiste, révolutionnaire. L'économie et la sociologie du présent ont dominé dans le champ des études concernant ce pays. Le « tout politique » et l'amour des concepts théoriques de l'économie socialiste servant à la fois d'écrans par rapport au réel et d'instruments de subversion supposée face aux structures idéologiques existantes. Un rêve prométhéen, celui de changer le système par l'invention de modèles originaux, se faisait sans tenir compte du poids du passé. La croyance révolutionnaire aidait seulement à espérer du présent. L'histoire de l'installation coloniale n'était pas vraiment questionnée, dans le lien possible entre « mission civilisatrice » et brutalisation culturelle des sociétés indigènes ; « république égalitaire » et négation du droit de vote pour les « autochtones » ; volonté affichée par le colonisateur d'améliorer les conditions de vie de la population et dépossessions foncières des sociétés paysannes... Bref, la réalité du système colonial était évacuée des esprits. Mais la force de l'histoire ancienne de l'Algérie coloniale est revenue, progressivement.

La « communautarisation » des mémoires

Tout au long des années 1980 en France, les enfants des immigrés ou des harkis ont commencé à se manifester pour l'égalité des droits et contre le racisme à travers des marches, des rassemblements et des concerts. De leur côté, les associations de pieds-noirs ont réclamé les indemnisations de leurs biens perdus, et les appelés du contingent se sont battus pour leur carte de combattant d'une guerre longtemps restée sans nom. La mémoire de l'Algérie est ainsi revenue par les combats sociaux et ceux de la citoyenneté. Tous ces groupes allaient-ils se rencontrer, pour se comprendre les uns et les autres, sortir de leur isolement et construire un récit commun ?

Dans le même temps, sont arrivés les moments du désenchantement politique, de l'effondrement collectif avant ou après la chute du Mur de Berlin, et de la montée de l'individualisme. Avec ce retour de l'individu, la religion est venue comme une possible solution, l'intégrisme religieux a surgi, d'autres groupes se sont constitués, « communautaires », renvoyant aux identités ancestrales. Il n'est pas étonnant, dès lors, qu'une « communautarisation » des mémoires se soit produite à propos de la guerre d'Algérie et du souvenir de la colonisation. Le récit collectif de la décolonisation, admis depuis les années 1960, se fragmentait, lui, se dispersait, en l'absence aussi d'un récit documenté sur la colonisation.

Lorsque j'avais rédigé *La Gangrène et l'Oubli* en 1990,

je pensais à l'éventualité de passerelles, de convergences entre les porteurs de mémoire, et en réalisant le documentaire *Les Années algériennes*, au même moment, je croyais à la possibilité d'un échange de paroles, à des mémoires partagées. Mais, dès 1991, la guerre intérieure algérienne et son cortège de cruautés ont fait revenir de la pire manière les souvenirs de l'Algérie. La certitude d'avoir eu raison à l'époque coloniale en prenant argument du « fanatisme religieux » l'a emporté progressivement. Une mémoire de la bonne conscience, qui brandira dix ans plus tard l'étendard du refus de « repentance coloniale », a commencé à se développer, à s'enraciner en France. Chaque groupe de mémoire semblait porter en lui un univers unique, singulier, impossible à faire partager, et la colonisation est devenue une sorte de « mystère » incompréhensible, débarrassée des processus de dépossessions culturelles, foncières, des notions d'inégalités juridiques. La nécessité de la décolonisation s'est ainsi transformée en… une question ouverte, problématique, peut-être non nécessaire aux yeux d'une partie de l'extrême droite française, fonctionnant par la mise en accusation systématique de la politique du général de Gaulle.

Du côté algérien, ce durcissement mémoriel se concrétisait par une mise en accusation globale du temps colonial, sans recherche de responsabilités particulières des groupes concernés par cette histoire. La plongée dans le temps visait à légitimer les ressourcements identitaires, principalement religieux. L'immobilisme politique après l'arrivée au pouvoir d'Abdelaziz Bouteflika, l'islamisme politique et sociétal, le désarroi social, tout conspirait à ce retour vers un néonationalisme à base ethno-religieuse. La guerre d'indépendance algérienne semblait ne plus finir, tant elle était devenue un réservoir inépuisable d'arguments pour les jeux politiques du présent. L'histoire n'arrivait pas à se « séculariser », devenant une rente mémorielle. Les chercheurs algériens restaient prisonniers des stratégies des différents pouvoirs politiques. Le conflit cruel entre l'État algérien et les islamistes, commencé en 1991, a donc aggravé le durcissement mémoriel, le repli sur les solidarités anciennes, religieuses, au détriment de la connaissance du nationalisme algérien moderne. Avec l'effacement des figures pionnières de Messali Hadj, Ferhat Abbas[1] ou Abdelhamid Ben Badis qui étaient des réformateurs, des républicains musulmans, des nationalistes.

En France, les groupes de mémoire constitués en référence à l'Algérie française, frappés d'une maladie qui leur ronge le cœur et qui s'appelle nostalgie, embourbés dans une léthargie de ce qui ne change jamais, ne semblaient pas prêts à éteindre cette guerre sans fin. Les « rapatriés » n'oublient pas l'accueil glacial qui leur fut réservé à leur arrivée en métropole en 1962. Les Français d'Algérie qui débarquent font alors l'objet d'une froide indifférence, ou même d'appréhensions. On ne les connaît pas. On ne sait pas s'ils sont « vraiment » français, avec leur accent et leur manière de vivre du sud de la Méditerranée. Jugés principaux responsables du conflit qui vient de se terminer, et qui a coûté la vie à de trop nombreux soldats métropolitains, ils ne semblent pas « mériter » que l'on porte sur eux le regard compatissant que beaucoup espèrent. Malgré leur réussite sociale dans la France des Trente Glorieuses, ils garderont en mémoire leur difficile installation dans

1. Sur Messali Hadj et Ferhat Abbas, je renvoie à mes deux biographies : *Messali Hadj, pionnier du nationalisme algérien*, Paris, L'Harmattan, 1986, traduit en arabe par les éditions Casbah, Alger, 2000, repris en poche, coll. « Pluriel », Hachette, 2004 ; sur Ferhat Abbas, *Une utopie algérienne*, avec Zakya Daoud, Paris, Denoël, 1995.

un pays qu'ils ont pourtant toujours défendu et aimé. L'homogénéité de leur groupe de mémoire viendra de cette sensation d'abandon et d'isolement.

Tous ces facteurs ont eu pour prolongement le réveil et l'affrontement de plusieurs mémoires : les françaises et les algériennes, de plus en plus hermétiques les unes aux autres, produisant leurs propres déformations et fantasmes ; chacune étant, en outre, divisée par des oppositions de plus en plus virulentes. Le refus absolu (ou gêné) de reconnaître les motivations de l'autre a envahi progressivement tout l'espace de réflexion et de connaissance autour de l'Algérie, d'hier et d'aujourd'hui. Les guerres sans fin de mémoires se sont alors mises en place, sans lignes de front, silencieuses, presque invisibles. Cette séparation s'est vue en France avec l'impossibilité de trouver une date commune pour commémorer la fin de la guerre d'Algérie[1]. Mais aussi dans une loi reconnaissant « l'aspect positif de la colonisation ». À la suite de la pétition lancée par des historiens, chercheurs et enseignants français contre cette loi le 25 mars 2005, son article 4[2] (disposition la plus contestée sur les aspects positifs de la colonisation) a été déclassé par décision du Conseil constitutionnel du 31 janvier 2006 au motif que le contenu des programmes scolaires ne relève pas des principes fondamentaux que l'article 34 de la Constitution attribue au domaine de la loi. Revêtant, suite à cette décision de déclassement, un caractère réglementaire, la disposition litigieuse a été

1. Sur cette question, voir le livre de Rémi Dalisson, *Guerre d'Algérie, l'impossible commémoration*, Paris, Armand Colin, 2018.

2. Citation retirée : « Les programmes scolaires reconnaissent en particulier le rôle positif de la présence française outre-mer, notamment en Afrique du Nord, et accordent à l'histoire et aux sacrifices des combattants de l'armée française issus de ces territoires la place éminente à laquelle ils ont droit. »

définitivement abrogée par un décret du 15 février 2006[1]. Une « fondation pour la mémoire de la guerre d'Algérie » dont la création est prévue à l'article 3 de ladite loi a ensuite fonctionné principalement par ses travaux en tenant compte des seules victimes françaises de la guerre de 1954-1962. Elle a été accusée par différents historiens de ne pas prendre en compte toutes les mémoires de la guerre d'Algérie.

Dans mon travail de recherche, des années 1970 à aujourd'hui, il m'a toujours semblé nécessaire de rester attentif à la parole de tous les Algériens, de tous ceux qui ont appartenu à cet espace culturel, politique, à un moment de leur vie, afin d'éviter le piège toujours menaçant de l'enfermement communautaire dans lequel beaucoup de groupes d'exilés sont tombés. Tout groupe appartenant à cette histoire est spécifique, mais aucun n'est exceptionnel et nul ne doit être placé au-dessus des autres. Or, chaque groupe exige une empathie à sens unique, unilatérale, exclusive. Ce respect obstiné des histoires de chacun, ce va-et-vient entre soi et l'autre dans l'exploration de cette zone à risque, inachevée, emplie de tumultes, qu'est la mémoire, m'a souvent valu critiques et déboires. Car l'écriture de cette histoire ne pouvait éviter les regards vigilants de mémoires exigeantes, passionnées et... parallèles.

L'installation et la revendication des mémoires parallèles dans le paysage culturel et politique rendent difficile le travail d'historien. En tant que « passeurs » entre passé et présent, voulant l'échange entre tous les groupes

1. Décret n° 2006-160 du 15 février 2006 portant abrogation du deuxième alinéa de l'article 4 de la loi n° 2005-158 du 23 février 2005 portant reconnaissance de la nation et contribution nationale en faveur des Français rapatriés.

concernés par cette guerre, les historiens se heurtent à ceux qui refusent le regard critique, ou à ceux qui renvoient sans cesse aux origines communautaires.

Une nouvelle génération refusera les récits nationaux injustes et falsifiés. Des gestes politiques se multiplieront pour un rapprochement entre la France et l'Algérie.

Regarder et lire toute l'histoire, pour refuser la mémoire hémiplégique

Pendant de nombreuses années, les guerres coloniales livrées par la France (en particulier en Indochine, puis en Algérie) se sont construites dans les imaginaires comme une suite de scènes fondues au noir, sorte de fabrication autarcique avec les seuls témoignages d'acteurs, comme privées d'air. D'une parfaite unité formelle, dissimulée, refoulée. Ces guerres finies, une autre allait-elle commencer, celle de la culpabilité, avec des images et des mots pour rappeler la mort injuste des hommes ? Pas vraiment. Le souci premier dans l'après-guerre d'Algérie n'était pas l'exactitude académique ou l'entretien d'un souvenir, mais bien l'urgence et l'efficacité. Il fallait bâtir une société, panser les plaies en Algérie ; ne pas s'abandonner à la nostalgie de la terre perdue, en France. Ce n'est que bien plus tard que les historiens et les chercheurs ont pu reprendre le travail de la mémoire, trier, tenter d'établir les faits et de dégager des explications.

Près de soixante ans après la fin de la guerre d'Algérie, la question n'est donc plus celle du noir de l'occultation, mais du retour, en pleine lumière, de la mise en scène des formes d'écriture et de représentation de la guerre. À côté des ouvrages de mémoires d'acteurs engagés dans le conflit, existent désormais les récits d'historiens qui racontent, sans complaisance ni désir moralisateur, les dernières années de la guerre d'Algérie, entre 1960 et 1962. Quantité de passés nous sont ainsi constamment offerts, sous les formes les plus diverses et les plus inattendues.

Dans la multitude d'écrits parus en France, il est par exemple possible de voir une histoire vivante qui se construit, produisant des discours qui obéissent ou se cabrent devant les pressions idéologiques du moment ; une histoire qui se soustrait progressivement aux pressions anesthésiantes en même temps qu'elle s'enrichit de documentations nouvelles. Au témoignage de l'acteur qui poursuit son combat ou le légitime a posteriori, se substituent progressivement les ouvrages « à distance », de synthèse. Mais cette translation est lente, et se poursuivent les publications de plaidoyers, mémoires, autobiographies et témoignages de toutes sortes. Nombreuses sont encore les voix d'hommes et de femmes qui disent la tragédie et la cruauté de la guerre d'Algérie. Officiers supérieurs et simples soldats, pieds-noirs ou militants algériens, hommes politiques de tous bords occupent le terrain de l'édition à coups d'autobiographies et de mémoires, de pamphlets, de réhabilitations, d'images d'Épinal et de photographies en gros plan. Féroces empoignades, descriptions émouvantes, d'où émergent parfois quelques récits de belle tenue. Sans doute plus de 4 000 ouvrages en langue française ont été publiés sur la guerre d'Algérie et la colonisation, depuis l'indépendance de 1962 jusqu'à la fin des années 2010[1].

André Rossfelder dans *Le Onzième Commandement*

1. Sur cet aspect, je renvoie à mon *Dictionnaire des livres de la guerre d'Algérie,* Paris, L'Harmattan, 2000, avec les présentations de 2 300 ouvrages et *Le Livre, mémoire de l'Histoire*, Paris, Le Préau des collines, 2005.

(Gallimard, Paris, 2000) raconte son engagement pour le maintien de l'Algérie dans la France, alors qu'il était un ami intime d'Albert Camus. Son témoignage est précieux pour restituer les mentalités des Européens d'Algérie de l'époque. En face, dans le camp de l'indépendance algérienne, Daniel Timsit, fils d'un rabbin de Constantine, livre un récit bouleversant de son basculement dans les rangs du FLN, dans *Suite baroque* (Bouchène, Saint-Denis, 1999). Louisette Ighilahriz, dans *Algérienne* (Fayard/Calmann-Lévy, 2001), retrace son itinéraire militant et comment elle fut victime de la torture. Son autobiographie est emblématique de la douloureuse histoire franco-algérienne, au moment où le général Aussaresses, dans *Services spéciaux : Algérie, 1955-1957* (Perrin, Paris, 2001) publie son récit de vie qui prend parfois la forme d'une apologie des exactions commises pendant la guerre. Les appelés qui ont servi en Algérie continuent de faire paraître leurs souvenirs. Maurice Matéos-Ruiz avec *Le soleil brille* (Atlantica, Biarritz, 2002), Robert Lévy dans *Les Lauriers-Roses de Kabylie* (L'Harmattan, Paris, 2003), Alphonse Georger avec *Journal d'un séminariste en Algérie* (Cana, Paris, 2003), Jean-Pierre Gaildraud avec *Au-delà de l'oued* (Flanant, Limoges, 2000), ou Gérard Fuchs dans *Algérie, une mémoire enfouie* (Denoël, 2003) disent tous combien les années passées sur le sol algérien ont été les plus intenses de leur vie. Avec retenue et rigueur, ils racontent des événements historiques, grands ou petits, des drames et des situations cocasses, les dilemmes du soldat et la griserie du combattant. Patrick Rotman dans *L'Ennemi intime* (Seuil, Paris, 2002) a, lui, rassemblé les terribles témoignages de soldats emportés dans la cruauté, les exactions d'une guerre longtemps restée sans nom. Pour beaucoup de ces hommes, l'expérience traumatisante de conflit sans gloire est restée enfouie dans le silence.

Dans un contexte nouveau, leurs enfants ont voulu cette « mémoire seconde », ce « vécu congelé », comme l'a bien raconté Florence Dosse dans son beau livre, *Les Héritiers du silence*[1].

Les opposants à la guerre d'Algérie font entendre leurs voix dans les ouvrages de Denise et Robert Barrat, *Algérie 1956, Livre blanc sur la répression* (L'Aube, Montpellier, 2001), ou de Sylvain Boulouque dans *Les Anarchistes français face aux guerres coloniales* (Atelier de création libertaire, Paris, 2003). Les autobiographies de militants nationalistes algériens, telles celles d'Ali Zamoum, avec *Le Pays des hommes libres* (La Pensée sauvage, Paris, 1999) ou de Mohammed Harbi, avec *Une vie debout* (La Découverte, Paris, 2001), racontent avec une grande sobriété un passé politique d'engagement au service de l'Algérie[2].

Le travail universitaire, académique, de « colloques » en « rencontres » permet aussi de voir les progrès réalisés par la communauté scientifique pour traiter d'une période aussi délicate. En 1988, le premier grand colloque du genre, organisé sous les auspices de l'Institut d'histoire du temps présent (IHTP) et présidé par Jean-Pierre Rioux, s'emparait de cette séquence brûlante comme objet d'histoire et organisait des thèmes d'intervention autour des Français et la guerre d'Algérie. En mars 1992, un nouveau colloque, organisé conjointement par la Ligue de l'enseignement, l'Institut du monde arabe et l'Institut Maghreb-Europe, se tenait à la Sorbonne avec pour thème

1. Florence Dosse, *Les Héritiers du silence : Enfants d'appelés en Algérie*, Paris, Stock, 2012.

2. Sur les itinéraires des principaux nationalistes algériens, voir mon documentaire, réalisé par Jean-Michel Meurice, diffusé en 2002, *Algérie, Été 1962, l'indépendance aux deux visages*, entretiens, entre autres, avec Hocine Aït Ahmed, Salah Goudjil, Ali Haroun, Mohammed Harbi, Youcef Khatib, Saout El Arab, le commandant Azzedine.

Mémoire et enseignement de la guerre d'Algérie. Dans le domaine de la recherche historique, les centres d'intérêt se déplacent, et apparaissent les nouvelles générations de chercheurs. Un grand colloque en l'honneur de Charles-Robert Ageron se tient à la Sorbonne en 1999 dont les actes seront publiés sous le titre *La Guerre d'Algérie au miroir des décolonisations françaises* (Société française d'histoire d'outre-mer, Paris, 2000). On cherche là à distinguer, à comprendre les processus répressifs mis en place par l'État ; on essaie d'évaluer les fluctuations de l'opinion et les mosaïques de motivations qui présidèrent à l'adhésion à l'Algérie française, ou à son rejet ; on commence à se préoccuper d'une histoire sociale et culturelle de la guerre. En ce sens, plus la guerre d'Algérie s'éloigne, plus elle apparaît dans sa totalité complexe. Cet aspect ressort nettement des nombreuses publications d'universitaires, d'historiens comme le montrent les ouvrages de Jean-Charles Jauffret et Maurice Vaïsse, *Militaires et guérilla dans la guerre d'Algérie* (Complexe, Bruxelles, 2001), de Jean-Charles Jauffret, *Soldats en Algérie, 1954-1962* (Autrement, Paris, 2000), de Jacques Frémeaux, *La France et l'Algérie en guerre* (Paris, Economica, 2002), de Guy Pervillé, *Pour une histoire de la guerre d'Algérie* (Picard, Paris, 2002), de Vincent Quivy, *Les Soldats perdus : des anciens de l'OAS racontent* (Seuil, Paris, 2003), ou de moi-même, *Appelés en guerre d'Algérie*, (Gallimard, coll. « Découvertes », Paris, 1997). Les soutenances de thèses de Raphaëlle Branche, Sylvie Thénault ou Tramor Quemeneur, sur la justice pendant la guerre d'Algérie, l'attitude de l'armée et la question de la torture, ou des refus de guerre, ont marqué un tournant dans l'arrivée des jeunes générations pour la connaissance universitaire de cette séquence historique particulière.

En 2004, cinquante ans après le 1er novembre 1954,

un nouveau livre sur la guerre d'Algérie, *La Guerre d'Algérie, la fin de l'amnésie* (Robert Laffont), que je codirige avec Mohammed Harbi, a pour objectif de scruter les mémoires blessées de cette guerre, de situer le niveau de responsabilité et de souffrance de chacun des groupes concernés, à partir notamment de sources originales. Jean-Charles Jauffret et Claire Mauss-Copeaux étudient le groupe des appelés, dans leur refus de cette guerre en 1956, ou dans leur vie quotidienne ; Mohand Hamoumou porte un regard plus complet sur les harkis abandonnés par la France, Daniel Lefeuvre fait le point sur le sort des pieds-noirs au moment de leur exil, et Linda Amiri décrit comment les immigrés algériens étaient vus à travers les archives policières françaises, notamment celles de Maurice Papon alors préfet de police de Paris. Omar Carlier s'interroge sur le rôle de la violence dans l'histoire algérienne. Abdelmadjid Merdaci nous explique pourquoi la ville de Constantine n'était pas au rendez-vous du 1er novembre 1954[1]. Gilbert Meynier relate les oppositions entre le « messalisme » et le FLN en indiquant les sources idéologiques de l'affrontement, Khaoula Taleb-Ibrahimi situe les moments d'émergence des femmes dans cette guerre d'indépendance, et Abdelkrim Badjadja, archiviste témoin, nous donne un aperçu sur les archives algériennes à travers le monde. Cinquante ans après le début de la guerre d'Algérie, cet ouvrage, dirigé par un historien français et un historien algérien, est aussi une

1. Abdelmadjid Merdaci est un grand historien algérien, décédé en 2020. Il a ouvert une fenêtre importante de l'histoire sur le nationalisme algérien, sur la musique algérienne et celle de la ville de Constantine qu'il aimait profondément, comme moi qui y suis né. Il restera vivant à travers ses œuvres, ses travaux de recherche et ses nombreuses contributions. Il reste pour moi un ami irremplaçable.

sorte d'« inventaire » sur la production des savoirs les plus récents touchant à cette période. Il se fixe pour objectif de combler le fossé existant entre l'univers de la recherche et le grand public et permet de faire le point sur les indices annonciateurs d'orages à venir.

Le rassemblement de nouveaux savoirs touchant, par exemple, à la vie des appelés et à leurs officiers, aux regards policiers portés sur les immigrés algériens en France ou aux militants indépendantistes en Algérie, permet d'inventorier les écrits qui déplacent ou confortent les systèmes de référence d'une société, les façons d'aborder les problèmes idéologiques et culturels et de décrypter les outillages intellectuels. Cet effort patient ouvre également la voie à une réflexion sur les rapports entre groupes porteurs de la « mémoire algérienne », des pieds-noirs aux harkis, des immigrés algériens aux soldats français, des militants algériens nationalistes aux partisans de l'Algérie française. Cette circulation mémorielle refuse ainsi la mémoire hémiplégique, qui ne veut regarder l'histoire que d'un seul côté des victimes.

D'autres ouvrages, encore très nombreux, ont été publiés en France et à l'étranger. Raphaëlle Branche a publié un essai bibliographique : *La guerre d'Algérie : une histoire apaisée ?* ; Guy Pervillé une *Histoire iconoclaste de la guerre d'Algérie et de sa mémoire*, expliquant que la recherche de la vérité historique commande de prendre ses distances avec les représentations passionnées d'un objet encore chaud – sinon brûlant – de la mémoire politique et sociale. De manière plus engagée, mais non sans une même recherche d'objectivité, Alain Ruscio, déjà auteur de plusieurs références sur les colonies françaises et, en particulier, d'une monographie importante sur l'OAS, s'attache avec sa somme *Les Communistes et l'Algérie* à décrypter de l'intérieur, à partir d'archives inédites, l'univers communiste. Pour sortir du face-à-face franco-algérien, des historiens anglo-saxons ont également publié de nombreux ouvrages. Ainsi, Irwin M. Wall a raconté l'histoire des *États-Unis et la guerre d'Algérie*[1]. Américain lui aussi, Matthew Connelly avec *L'Arme secrète du FLN. Comment de Gaulle a perdu la guerre d'Algérie*, a raconté une histoire de la bataille diplomatique livrée par les indépendantistes algériens. Todd Shepard, dans *1962. Comment l'indépendance algérienne a transformé la France*, explique comment la décolonisation marque l'échec du projet originel dans les colonies.

Des colloques importants ont eu lieu, comme celui de *L'histoire comparée du Maghreb et l'Indochine à l'heure de l'empire français (1830-1962)*, organisé par Sylvie Thénault (CNRS) et Christopher E. Goscha (Université du Québec à Montréal).

Aujourd'hui, soixante ans après, par le travail historique, la pluralité des motivations émerge peu à peu derrière les positions frontales et catégoriques que l'on a dessinées à grands traits après 1962 entre adversaires et partisans de l'Algérie française. La guerre d'Algérie, sombre période de la conscience nationale, sort ainsi des turbulences passionnelles et du traumatisme collectif pour s'offrir, enfin, à l'examen de l'historien. Les retours de travaux historiques s'accélèrent grâce à l'ouverture d'archives, en particulier en France. À partir de 1992, les archives militaires à Vincennes, mais aussi les archives de l'ECPAD (Établissement de communication et de production audiovisuelle de la Défense), archives photographiques de l'armée française qui constituent un fonds gigantesque de 300 000 documents. Des thèses ont été soutenues, comme celle de Tramor Quemeneur sur les

1. Éd. Soleb, Paris, 2006.

insoumis pendant la guerre d'Algérie ; de Naïma Yahi sur l'aspect culturel des mémoires dans l'immigration algérienne ; de Linda Amiri sur l'histoire de la Fédération de France du FLN ; de Marie Chominot sur la photographie pendant la guerre d'Algérie ; de Dalila Aït-el-Djoudi sur les maquis de l'ALN ; de Fatima Besnaci-Lancou sur les missions du Comité international de la Croix-Rouge pendant la guerre d'Algérie ; d'Emmanuel Alcaraz sur les lieux de mémoires de la guerre, en Algérie ; de Lydia Aït Saadi sur les manuels scolaires et la guerre. Une impulsion a été donnée. Mais l'histoire ne peut s'écrire uniquement à partir des archives étatiques. Car celles-ci ne vont pas sans silences, sans lacunes, qu'il faut savoir aussi interroger et interpréter. D'autres archives doivent être fouillées, scrutées, explorées, celles qui nous renvoient des images, des sons, des mots de l'intimité.

Deux imaginaires

Comprendre l'engrenage sanglant de la guerre d'Algérie exige de revenir à l'origine de cette séquence particulière : la colonisation. Il ne s'agira pas ici de retracer toute l'histoire de la longue conquête coloniale, ni même de revenir à l'histoire d'une Algérie précoloniale. Mais de signaler que cette possession d'un territoire par la France *a pris beaucoup de temps*. La destitution du dey d'Alger et de son administration en 1830 après la rapide prise de la ville en quelques semaines n'a pas marqué, en effet, la fin mais le début des hostilités sur tout le territoire.

Refusant de devenir un vassal du pouvoir français, Hadj Ahmed, bey de Constantine, combat par exemple dans l'Est algérien pendant près de… vingt ans. Si les soldats français arrivent à prendre d'assaut Constantine en 1837, ils n'obtiennent la reddition du chef « rebelle », alors réfugié dans les Aurès, qu'en 1848. Et ils ne réussiront à « soumettre » toute la région est de l'Algérie que le bey Ahmed a soulevée, en réduisant au moins pour un temps la résistance kabyle, qu'en 1857. Mais surtout, la France, avec alors la première armée du monde, aura besoin de plus de quinze ans pour mettre fin à l'extraordinaire mouvement de résistance de l'émir Abd el-Kader à l'ouest et dans l'intérieur du pays.

La grande révolte de Kabylie de 1871, qui s'est déroulée au même moment que la Commune de Paris, a été écrasée, ses principaux responsables ont été tués ou déportés en Nouvelle-Calédonie.

Ces épisodes d'une conquête longue et sanglante ont marqué durablement les familles algériennes, et restent peu connus aujourd'hui encore dans la société française, surtout habituée aux récits sur la « mission civilisatrice de la France ».

Un rapprochement entre la France et l'Algérie passe donc par une connaissance plus grande de ce que fut l'entreprise coloniale. Si l'on évoque l'épopée « positive » du colonialisme dans certains débats en France (construction des routes et des hôpitaux, des écoles, mise en valeur de terres), c'est qu'il est surtout question du bénéfice tiré de cette entreprise particulière par les populations européennes, venues en nombre s'installer outre-Méditerranée. Populations européennes souvent pauvres, émigrées de l'Espagne, de Malte et d'Italie ; population de la métropole, chassées par l'échec des révolutions de 1848 ou de 1871, et la perte de l'Alsace-Lorraine. Les populations algériennes ne conservent pas le même souvenir de cette longue période, et parlent surtout de dépossessions foncières, de déplacements de populations vers des zones arides, de baisse démographique et de brutalisation de leur société d'origine. L'histoire des cimetières de musulmans ayant refusé la pénétration coloniale porte témoignage de cette histoire. Ainsi, sur l'île Sainte-Marguerite, la plus grande des îles de Lérins en face de Cannes, entre 800 et 1 000 Algériens résistants contre la colonisation française du XIXe siècle ont été déportés avec leurs familles entre 1840 et 1880, en majorité des membres de la smala de l'émir Abd el-Kader. Beaucoup sont morts et ont été enterrés sur l'île. D'autres centres de détention d'opposants algériens à la conquête ont été ouverts en France : en 1843, au fort Lamalgue, au sein de la base navale de Toulon, et au fort Brescou, au large du cap d'Agde, puis, en 1844-1845, aux forts Saint-Pierre et Saint-Louis, à Sète. En Corse, la caserne Saint-François d'Ajaccio servit à cet usage en mars 1859, puis la citadelle de Corte en 1864. En 1871, la répression en Kabylie de l'insurrection d'el-Mokrani entraîna l'ouverture du « dépôt des internés arabes » à la citadelle de Calvi, qui fut transféré en 1883 au fort Toretta[1].

Sur une même histoire d'un territoire très vaste, deux imaginaires se sont donc mis en place progressivement, donnant naissance à deux nationalismes différents. Pour les Européens, venus en nombre de métropole, d'Espagne et d'Italie au long du XIXe siècle, un nationalisme français exacerbé va se construire, s'enraciner. D'une manière générale, le nationalisme français s'est en grande partie construit sur la conquête de l'empire colonial, la « Grande France » voulant apporter les valeurs d'une « mission civilisatrice ». Pour les Algériens, au contraire, surtout après la Première Guerre mondiale, au patriotisme rural de défense contre l'« étranger » s'ajoutera un nationalisme de

1. https://histoirecoloniale.net/Les-resistants-algeriens-du-XIXe-siecle-internes-en-France-ou-leurs-tombes-sont.html

reconquête d'une souveraineté perdue, les deux courants étant portés par les premières organisations nationalistes, l'Étoile nord-africaine dès 1926 ou le Parti du peuple algérien dans l'entre-deux-guerres. Mais également par l'association des élus musulmans avec le docteur Mohammed Saleh Bendjelloul ou le pharmacien de Sétif, Ferhat Abbas. Ainsi que par l'Association des oulémas musulmans algériens, religieux réformistes, avec Abdelhamid Ben Badis.

À l'histoire imaginée d'une Algérie française trouvant ses racines dans l'histoire de l'Empire romain, chrétien, renouant avec la Méditerranée par la colonisation française, les Algériens opposent un récit national qui trouve sa force dans les dissidences berbères ancestrales, l'émergence du nationalisme arabe et l'islam comme refuge face aux invasions successives.

Au récit d'un nationalisme français valorisant la construction de routes permettant la modernisation du commerce, des hôpitaux qui font reculer les maladies, des écoles chargées de combattre l'analphabétisme… s'oppose le souvenir persistant de la dépossession foncière massive, de la grande misère dans les campagnes, ou de la perte de l'identité personnelle avec la fabrication des SNP (sans nom patronymique). En Algérie en effet, l'histoire du patronyme est particulière. Elle est intimement liée à l'histoire coloniale française. Avant 1882 et la loi sur « l'état civil des indigènes musulmans de l'Algérie », il n'existait pas de patronymes dans le sens français du terme mais plutôt une généalogie, des « fils et filles de ». À la date du 23 mars 1882, l'Assemblée française impose aux « indigènes » de s'inscrire sur les registres du Code civil. Mais la francisation des noms arabes par l'état civil conduit à des erreurs de transcription et, parfois, à des incongruités. Les moyens dont dispose alors la langue française ne permettent pas de retranscrire correctement les noms algériens. Le passage de l'oralité à l'écrit a causé des dégâts sur la forme et le sens des patronymes, et c'est pourquoi certaines familles se sont retrouvées sans nom patronymique.

Sans vouloir entrer dans la complexité d'une histoire ancienne, où la berbérité joue un rôle décisif, il est ainsi facile de comprendre pourquoi les oppositions entre les deux nations, dans leur rapport à l'histoire longue, sont si fortes. À cause de la fabrication de cet imaginaire nationaliste si puissant, et si différent, il est ainsi difficile d'envisager la mise en œuvre d'un manuel scolaire franco-algérien (sur le modèle, rêvé, franco-allemand), capable de produire un récit commun. Il existe des ouvrages, quelquefois issus de colloques universitaires, où des historiens algériens et français produisent des récits qui bien souvent se recoupent à partir d'archives s'ouvrant progressivement. Mais ce sont des livres d'historiens, pas des manuels scolaires. Ce sont les historiens des deux pays qui seront un jour capables de réussir un récit d'approche commune, et ce sera plus difficile pour les États qui construisent leurs récits nationaux, homogènes.

Mais cette histoire franco-algérienne présente une complexité encore plus grande. La longue présence coloniale française (cent trente-deux ans) a transformé les paysages ruraux, favorisé l'entrée de la langue française dans des zones urbanisées, elle a « folklorisé » la langue arabe, fabriqué l'émergence d'une élite d'Algériens musulmans qui, tout en voulant préserver sa foi musulmane et la langue arabe, s'est imprégnée des valeurs républicaines portées notamment par la Révolution française… pour les retourner contre la France coloniale. Les livres autobiographiques des grands leaders nationalistes algériens comme ceux de Messali Hadj, de Ferhat Abbas ou de Hocine Aït Ahmed sont là pour en témoigner.

Ajoutons que la non-reconnaissance par la France d'un nationalisme algérien, politique, indépendant (Messali Hadj, le fondateur des premières grandes organisations politiques du nationalisme algérien, n'a jamais pu discuter avec tous les responsables gouvernementaux successifs, il est resté plus de trente ans emprisonné), est bien le symptôme de cette fracture profonde.

Interactions. Le monde du contact

> « La guerre est toujours une intimité, deux flots ennemis qui s'affrontent et mêlent leurs vagues. Mais dans le cas de la France et de l'Algérie, une intimité quotidienne a préexisté à la guerre et a ensuite coexisté avec elle... La plus grande fureur, emmêlée avec la plus grande intimité, tel a été pendant sept ans le destin de tous les habitants de l'Algérie, quelle que soit leur origine. »
>
> Germaine Tillion

Regarder toute l'histoire, c'est donc s'attarder sur la temporalité très longue d'une présence coloniale française. La longue durée favorise, nous l'avons dit, la construction progressive de deux imaginaires différents. En même temps, l'étendue de cette présence, dans le temps et l'espace, va construire des « entre-deux » culturels et politiques ; des interstices favorisant des résistances à l'occupation étrangère, et les batailles des Français qui n'étaient pas tous favorables au système colonial, injuste et inégalitaire. Ces anticolonialistes, intellectuels et militants surtout, sont encore peu connus en France et en Algérie.

Dans ce monde du contact émergent des figures féminines comme celle de Gisèle Halimi, avocate des militants nationalistes algériens, issue d'une famille juive de Tunisie ; ou celle d'Émilie Busquant, la femme de Messali Hadj, qui avec lui a fabriqué le drapeau de l'Algérie.

L'itinéraire d'un Albert Camus, qui s'est élevé contre la colonisation dans ses articles « Misère de la Kabylie » en 1939, puis contre la répression de Sétif et Guelma en 1945, pour à la fin de sa vie se prononcer en faveur d'un fédéralisme donnant plus de pouvoir à l'Assemblée algérienne, sans se séparer de la France, dit bien toute la complexité de cette situation qui a, à la fois, enrichi et perturbé l'identité algérienne. Aujourd'hui, nombreux sont ceux qui voudraient annexer Camus, le lire de façon univoque, l'enrôler dans leur combat politique. Peine perdue, la complexité de cet homme entre deux rives ne saurait être réduite à une cause ou une identité.

Un monde du contact existait en Algérie coloniale, des instituteurs musulmans aux « libéraux » chrétiens, de la masse des juifs d'Algérie favorables à l'extension aux musulmans du décret Crémieux (qui avait attribué la citoyenneté à la seule communauté juive en 1870), jusqu'aux militants de gauche anticolonialistes, communistes, socialistes, militants de la gauche chrétienne se battant pour l'égalité des droits.

Ce monde du contact s'est aussi développé par l'obtention progressive des droits de citoyenneté comme l'explique l'historien Guy Pervillé : « Alors qu'en Afrique du Sud les non-blancs ont été de plus en plus exclus du pouvoir et considérés comme des étrangers, ressortissants de "Bantoustans" prétendus indépendants, en Algérie les "indigènes" musulmans ont été représentés par des notables à partir de 1898 dans les Délégations financières arabes et kabyles, puis des électeurs plus nombreux ont élu des représentants minoritaires dans les assemblées locales à partir de 1919, ensuite ils ont été représentés encore plus largement dans les assemblées locales et dans le Parlement français par des élus en nombre égal à celui des citoyens français à part entière à partir de 1945 ; et enfin à partir de 1958 le suffrage universel a été institué, dans un collège électoral unique dans lequel les citoyens de statut civil de droit commun n'avaient plus d'autre privilège que celui d'être représentés par 2/5 des candidats aux élections législatives sur chaque liste[1]. »

Dans ce « monde du contact », pendant la guerre d'Algérie, on trouve dans les milieux chrétiens les prêtres ouvriers de la Mission de Paris et de la Mission de France dont certains ont joué un grand rôle dans le soutien et la création du FLN. À la Mission de France, se retrouvent le séminaire de Saint-Fons, du Prado, et toute une série de prêtres autour du cardinal Liénart (Lille). À partir de 1956, l'indignation morale qui se développe se retrouve dans des publications comme les revues *Esprit*, *Vie nouvelle*, *Témoignage chrétien*... Des grandes voix catholiques se font entendre, la plus importante d'entre elles étant celle de François Mauriac dans *L'Express*, en janvier 1955, avec son célèbre article « La question ». Et puis il y a le livre de Pierre-Henri Simon, *Contre la torture*, publié aux éditions du Seuil en 1957. C'est un premier seuil : l'indignation, le sursaut moral, la lutte contre la torture. C'est une défense des valeurs traditionnelles de la France, de l'Église et de la religion avec l'idée que l'on s'abaisse gravement à torturer un homme. Cela touche beaucoup de jeunes prêtres. Ils s'engagent alors pour la paix en Algérie, contre la guerre. Dans l'évocation du monde catholique, il faut signaler la personnalité de l'abbé Alfred Berenguer,

1. Guy Pervillé sur son blog, en date du 4 janvier 2021.

ou celle d'Henri Teissier, décédé en décembre 2020. Sa rencontre en 1951 avec Jean Scotto, pied-noir et curé de Bab el-Oued, va changer sa vie. Celui-ci s'engagera résolument du côté des Algériens les plus pauvres, et dénoncera la torture et les brutalités qu'ils subissent. Ce qui le conduira à se ranger du côté des partisans de l'indépendance. Henri Teissier découvre, avec des catholiques portés vers l'action sociale, la cruelle réalité des bidonvilles et de la misère dans laquelle vivaient les musulmans algériens. Cette année de stage, dira-t-il à un journaliste du *Monde*, a été pour lui « déterminante ». C'est là qu'il rencontre des figures marquantes du christianisme social en Algérie, comme « Pierre Chaulet[1], Pierre Colonna, Pierre Roche, Me Popie et les responsables du mouvement de gauche personnaliste La Vie nouvelle. [...] Il y avait dans cette paroisse d'Hussein-Dey, dès les années 1950, un milieu qui comprenait que la situation faite à la majorité de la population était indigne[2] ». En 1958, dans une Algérie en guerre, on le retrouve aux côtés d'une autre figure marquante de l'Église catholique : l'archevêque et futur cardinal Léon-Étienne Duval qui n'avait pas hésité dès 1955 à dénoncer la torture, les exécutions sommaires et à faire lire un communiqué en ce sens dans les églises et les chapelles de son diocèse. Les réactions des ultras de la colonisation avaient été violentes, l'archevêque d'Alger

1. Après l'indépendance de l'Algérie, Pierre Chaulet a rejoint l'hôpital Mustapha-Pacha à Alger. Il a contribué à l'éradication de la tuberculose en Algérie. Claudine Chaulet, sa femme, est quant à elle devenue professeure de sociologie à l'université d'Alger. Leur ouvrage commun de mémoires : *Le choix de l'Algérie : deux voix, une mémoire*, est paru en 2012 aux éditions Barzakh. Claudine est décédée le 29 octobre 2015 à Alger à l'âge de 84 ans.

2. Amir Akef, in *Le Monde*, 3 décembre 2020, sur la disparition d'Henri Teissier.

devenant dans leur discours « monseigneur Mohamed Duval ».

La communauté juive d'Algérie appartient également à ce monde intermédiaire, que les simplifications outrancières d'un certain antiracisme aujourd'hui rejettent. Le peuplement juif de l'Algérie, nul ne le conteste, était multiséculaire. Les Berbères, qui ont été islamisés à partir du VIIe siècle, se souviennent qu'ils ont jadis appartenu pour beaucoup à des communautés juives ou à des tribus berbères judaïsées, d'où est issue la Kahéna, la célèbre reine des Aurès qui entreprit un combat contre les cavaliers arabes. D'autres juifs sont venus de l'Andalousie, avec les musulmans, chassés par la Reconquista. Partagés entre leurs deux patries, la France qui leur a donné l'exercice de la citoyenneté par le décret Crémieux de 1870, et l'Algérie, terre natale où ils étaient enracinés, les juifs d'Algérie n'ont pas basculé dans le camp de l'indépendance algérienne, sauf des groupes de militants, comme les frères Timsit, ou les Sportisse. Ils ne répondront pas plus, collectivement, aux chants de sirène de l'OAS, malgré certes quelques exceptions, comme à Oran. « Que pouvons-nous faire ? » déclarera alors Jacques Lazarus, un des leaders de cette communauté juive. « Être vigilant, ne jamais provoquer, mais tout tenter pour éviter de subir. »

Les juifs d'Algérie, français de cœur et d'adoption, malgré la forfaiture vichyssoise qui les avait exclus des écoles en 1940 (parmi ces « renvoyés », celui qui allait devenir l'un des plus illustres philosophes de France, Jacques Derrida), connaîtront donc le destin des Français d'Algérie et partageront leur « rapatriement », sous l'appellation identitaire nouvelle de « pieds-noirs ». Quant à l'Algérie indépendante, il est clair à travers le témoignage direct et précieux de Jean Daniel (autre juif d'Algérie) rapporté dans ses ouvrages, qu'« elle excluait tout avenir pour les non-musulmans ». Dans la logique d'une assimilation progressive, ces juifs anciennement « indigènes » étaient devenus français : les femmes juives furent d'éminentes institutrices (telle la mère de Pierre Kalfon), bientôt brillantes universitaires et écrivaines (comme Hélène Cixous) ou gloires des prétoires ; quant aux hommes, ils désertèrent bien vite les échoppes ancestrales pour se faire des noms brillants dans la médecine (dont le professeur Pierre Aboulker) et dans l'université. Sans compter que l'un d'eux, le physicien Claude Cohen-Tannoudji, natif de Constantine, allait donner à la présence française en Algérie son deuxième prix Nobel. Alors en 1962, c'est 95 % de cette communauté, forte de 130 000 âmes, qui choisit la France. Les traces de la coexistence judéo-arabo-berbère ne se sont pas pour autant effacées : quel « pied-noir » d'origine juive ne frémit encore en entendant telle mélodie orientale ? Que de chanteurs et chanteuses issus de cette communauté sont devenus de véritables icônes de la musique arabo-andalouse, comme Cheikh Raymond ou Reinette l'Oranaise[1] ? Quel juif d'Algérie ne se sent concerné au fond de ses fibres par tout ce qui touche à l'Orient et au monde arabo-berbère ? Les juifs d'Algérie appartiennent, pour beaucoup d'entre eux, à ce « monde du contact », et les jeunes d'aujourd'hui qui font partie de cette communauté veulent comprendre cette part d'Orient qu'ils portent toujours en eux.

Il faut aussi évoquer le rôle de l'armée dans la construction d'un imaginaire du contact. Au cours de la Grande Guerre, l'Algérie mobilise 172 000 jeunes soldats dont

1. On pourrait également citer les frères Nacash, ou Robert Castel, acteur, humoriste et chanteur de musique arabo-andalouse, fils de Lili Labassi, maître du chaâbi. Il vient de décéder, en décembre 2020. https://www.youtube.com/watch?v=dWz8F696jpg

25 711 furent tués, 72 035 blessés et 8 779 invalides à 100 %[1]. L'historien Gilbert Meynier s'exprimait en ces termes à propos de la glorification des tirailleurs algériens pour le rôle qu'ils y avaient accompli : « Les régiments de tirailleurs algériens sont même parmi les plus encensés et les plus décorés de la guerre, même si l'emphase en la matière ne pouvait pas, aussi, ne pas être de bonne "politique indigène" séductrice. » Et ce sont les tirailleurs algériens de l'armée d'Afrique qui ont inauguré l'introduction de nombre de mots arabes dans la langue française, comme toubib ou chouya. À propos du rôle de brassage opéré par l'intermédiaire de l'armée, pendant toutes les guerres, et de la Seconde Guerre mondiale à la guerre d'Indochine, l'historien Tahar Khalfoun écrit : « De la conquête de leur propre pays (1842-1853), à la guerre d'Indochine (1946-1954) en passant par l'expédition au Soudan (1882-1884), ils ont contribué à écrire les pages les plus glorieuses de l'histoire militaire de la France. Et c'est au nom du sang algérien mêlé au sang français dans toutes ces batailles que nombre d'Algériens considèrent aujourd'hui qu'ils sont fondés à prétendre, à la différence des autres étrangers en France, à certains droits, notamment le droit de se voir délivrer un titre de séjour ou encore l'intégration – ou plutôt la réintégration – dans la nationalité française[2]. »

---

1. Gilbert Meynier, « Les Algériens et la guerre de 1914-1918 », in *L'Histoire de l'Algérie à la période coloniale 1830-1962*, sous la direction d'Abderrahmane Bouchène, Jean-Pierre Peyroulou, Ouanassa Siari Tengour, Sylvie Thénault, Paris La Découverte, et Alger Barzakh, 2012, p. 230.

2. Cette communication de Tahar Khalfoun est inspirée d'un article qu'il a publié avec l'historien Gilbert Meynier sous le titre : « Algérie-France, destins entremêlés, histoire à partager », en hommage à l'historien Guy Pervillé, paru dans *Cahier d'histoire immé-*

Le monde communautaire harki et ses descendants sont issus de cet univers. Avec le temps qui passe et les témoignages que j'ai pu recueillir, il apparaît que beaucoup restent attachés à la République française, mais de plus en plus nombreux sont ceux qui demandent à retourner en Algérie, et à être enterrés dans le pays qui les a vus naître[1].

Dans ce monde du contact, il faut enfin citer la longue présence de l'immigration algérienne en France. Commencée dans l'entre-deux-guerres, elle doublera pendant la guerre d'Algérie, passant de 200 000 à près de 400 000 personnes. Depuis lors, on estime que près de 2 millions d'Algériens, ou de gens d'origine algérienne, vivent et travaillent en France. Avec les binationaux qui vivent en Algérie (estimés à environ 80 000 personnes), les immigrés algériens et leurs descendants forment un espace mixte important, qui irrigue les deux sociétés sur le plan politique et culturel. Vingt-cinq mille titres de séjour environ sont délivrés par les préfectures à des Algériens chaque année. La violence de la décennie 1990 a eu pour

---

diate n° 40, 2011, p. 95 à 140, et d'une réflexion, l'une des plus pertinentes sur le même thème de Jean-Robert Henry, « L'héritage du rapport avec la France », in *La Crise algérienne : enjeux et évolution*, Villeurbanne, Éd. Mario Mella, 1998.

1. Ce « monde du contact » a été brisé par les exactions commises, notamment à la fin de la guerre d'Algérie, par certains commandos extrémistes de l'OAS, comme l'assassinat le 15 mars 1962 de l'enseignant Mouloud Feraoun et de ses compagnons des centres sociaux fondés par Germaine Tillion. Voir sur ce point d'histoire *L'Assassinat de Château-Royal*, par Jean-Philippe Ould Aoudia, Paris, Tirésias, 1992. Et aussi les initiatives de Jean-François Gavoury, son article dans *L'Express*, « Le dernier combat de l'OAS », le 7 novembre 2005 à propos d'une stèle érigée à Marignane en faveur de l'OAS.

effet la fuite de nombreux cadres algériens qui ont rejoint la France, et une partie importante de l'élite de l'université algérienne s'y trouve actuellement. Des milliers d'ingénieurs, d'enseignants ont dû quitter l'Algérie pour s'installer en France. On a également vu, notamment pendant la crise sanitaire provoquée par la Covid 19, le nombre important de soignants d'origine algérienne (médecins, infirmières, aides-soignantes) dans beaucoup d'hôpitaux en France. Près de 30 000 étudiants algériens poursuivent leurs études en France. Chaque jour des dizaines de milliers d'exemplaires de journaux francophones, comme *El Watan*, *Le Quotidien d'Oran*, *Liberté*, ou *Le Soir d'Algérie* sont vendus en Algérie. Selon les chiffres de la Direction générale de l'aviation civile en France, quatre millions et demi de passagers ont circulé entre la France et l'Algérie en 2019. À cela, il faut ajouter les liaisons maritimes, et l'on peut ainsi mesurer l'ampleur des circulations, des relations qui n'ont fait que se développer depuis l'indépendance de 1962.

Toutes ces associations, ces liens, ces mises en contact n'ont cessé de s'enchaîner au fil du temps pour construire une organisation complexe de la mémoire à propos de l'Algérie et de la colonisation. Un même événement a provoqué des représentations différentes que le travail historique se doit de combler, en classant, en ordonnant, en vérifiant. Exercice qui dépend d'un autre facteur, décisif : les rapports d'État entre les deux pays.

PARTIE II

LES RAPPORTS DE LA FRANCE ET DE L'ALGÉRIE

« Pour la France, aux moyens grandissants, mais d'autre part menacée, il est d'un intérêt direct qu'en face d'elle, sur l'autre bord de l'étroite Méditerranée, l'Algérie, un pays qui se situe au cœur du Maghreb, qui fait corps avec le Sahara, qui touche et mène à l'Afrique noire et que tant de contacts relient à notre métropole, s'établisse dans l'ordre, le progrès et la prospérité. Pour l'une et pour l'autre nation, il est donc conforme à la raison que, passant outre aux déchirements récents, elles organisent leur coopération, comme déjà l'ont fait, avec la République française et dans les conditions qui leur sont propres, douze républiques africaines et la République malgache. »

Discours du général de Gaulle, 26 mars 1962.

« Au cours d'une longue conversation que j'ai eue avec le maréchal Juin, un an avant les événements du 1er novembre, mon interlocuteur finit par admettre qu'à ma place il se comporterait de la même manière que moi. À la vérité, une sorte de malédiction semble peser sur notre pays. L'Algérie n'a pas de chance. Elle n'en a jamais eu. Les choses les plus simples se compliquent à dessein et deviennent, par la malignité des hommes, des problèmes insolubles. »

Ferhat Abbas, *Autopsie d'une guerre*, 1980.

L'économie, et la mémoire qui saigne

En 2019, l'Algérie est le premier marché africain pour les exportations françaises, notamment dans les domaines de l'agroalimentaire, du médicament, de l'automobile, des transports, de la banque/assurance, des hydrocarbures. On estime à près de 8 000 le nombre d'entreprises françaises qui exportent vers l'Algérie. La France en est le premier investisseur hors hydrocarbures en 2019. Cette année-là, les exportations françaises vers l'Algérie ont atteint près de cinq milliards d'euros, une part de marché stable depuis 2015 à hauteur de 10 % contre 18 % pour la Chine, 8 % pour l'Italie et 7 % pour l'Espagne. L'Algérie demeure un partenaire économique important de la France, elle se présente comme son premier client, le premier marché des entreprises françaises en Afrique.

On le voit bien avec ces chiffres impressionnants, la France et l'Algérie entretiennent un partenariat important sur le plan économique. Et pourtant… Pourquoi ces rapports si denses donnent-ils toujours l'impression d'une conflictualité latente entre les deux pays ? Pourquoi cette méfiance, cette absence de corrélation entre le volume des échanges économiques et la distance des relations politiques ? La clé de ce mystère se trouve, bien sûr, dans la longue histoire coloniale qui a provoqué tant de blessures, de ressentiments, de ruminations mémorielles…

Après l'indépendance de 1962, les relations entre la France et l'Algérie ont surtout été de nature économique. En France, l'examen du passé colonial n'était pas à l'ordre du jour, il fallait « oublier » cette histoire. Une chaîne d'amnisties s'impose alors, construit l'oubli de la guerre. Dès le 22 mars 1962, deux décrets sont pris pour réaliser une amnistie que l'on inclut dans les accords d'Évian : « En vue de permettre la mise en œuvre de l'autodétermination des populations algériennes […] sont amnistiées toutes infractions commises avant le 20 mars 1962 en vue de participer ou d'apporter une aide directe ou indirecte à l'insurrection algérienne. Sont amnistiées les infractions commises dans le cadre des opérations de maintien de l'ordre dirigées contre l'insurrection algérienne avant le 20 mars 1962. »

En Algérie, l'urgence n'était pas à la mise en cause de ce passé, mais à la construction d'un récit national, homogène, unifié. Dans les luttes de pouvoir de l'été 1962, puis après le coup d'État qui porte au pouvoir Houari Boumediene en 1965, de nombreux personnages qui ont participé à l'insurrection contre la France sont écartés des récits officiels. Les manuels scolaires algériens reproduisent la formule : « Un seul héros, le peuple. »

S'il fut le décideur principal du passage à l'indépendance de l'Algérie, le général de Gaulle n'a pas eu, après 1962, la volonté de s'attarder sur ce passé récent, ni de prêter une attention particulière aux principaux groupes de mémoire touchés par l'issue de cette guerre : les « pieds-noirs » dont il pensait qu'une partie d'entre eux resteraient en Algérie (il a été démenti sur ce point) ; les harkis, dont il ne souhaitait pas le rapatriement par crainte d'une possible instrumentalisation de leur histoire par l'extrême droite ; les appelés du contingent, soit près de un million et demi de soldats, qui se sont succédé en Algérie de 1956 à 1962. Ses principaux objectifs étaient de garder des liens, essentiellement économiques, avec l'Algérie indépendante, à cause de l'exploitation du pétrole et du rôle du Sahara pour les expériences nucléaires. Il voulait également éviter les affrontements entre Français, alors que la France avait connu une quasi-guerre civile entre 1960 et 1962, avec les attentats de l'OAS et le putsch des généraux en avril 1961. D'où son désir, dès la fin de la guerre, de faire adopter différentes lois d'amnistie, comme celles votées en 1962, 1964 et 1968. Toutes ces lois d'amnistie ont fabriqué une chaîne d'amnésie en France, sans construire un consensus politique, à la différence de l'après-1945 à propos de Vichy et de la « collaboration ». Cette absence d'égards a été très douloureuse. Pour une grande partie des officiers, des pieds-noirs et des harkis, l'issue de la guerre fut le terreau de l'antigaullisme qui s'est transmis de génération en génération. L'image d'un de Gaulle méprisant qui a « abandonné » sa promesse d'une Algérie française nouvelle est longtemps restée dans les esprits. Si la fin de la guerre a été mal vécue par les officiers, elle ne l'a pas été pour la masse des appelés du contingent, soulagés de retrouver leurs familles. L'immense masse de ces jeunes Français s'était alors rangée derrière de Gaulle. C'est après coup que le Général a utilisé la question de l'indépendance de l'Algérie, afin de se forger une image de décolonisateur dans le monde en effervescence de l'époque : en Amérique latine avec le discours de Mexico, prononcé le 16 mars 1964 sur la place centrale de la capitale mexicaine, qui dénonçait l'hégémonie américaine et soviétique sous une pluie de confettis ; en Asie, avec le discours de Phnom Penh, prononcé le 1er septembre 1966, en pleine guerre du Vietnam devant une foule estimée à 100 000 personnes ; ou en Amérique du Nord, avec le fameux « Vive le Québec libre ! » de juillet 1967 à Montréal. Avec ces voyages et ces discours, de Gaulle se pose en partisan d'un tiers-monde qui refuse de se situer du côté des Américains ou des Soviétiques. Avant 1968, et surtout après, de Gaulle va devenir un personnage emblématique de la décolonisation française. L'ambivalence, les contradictions de ces positions vont progressivement s'effacer. Pour les Français, l'oubli de ses positions en faveur de l'Algérie française au moment de son accession au pouvoir en 1958 ; pour les Algériens, la faiblesse de référence à sa conduite de guerre très dure contre les maquis algériens, avec le plan Challe dans l'année 1959.

De Georges Pompidou à Valéry Giscard d'Estaing, les chefs d'État français se sont ensuite peu prononcés sur les questions mémorielles relatives à la colonisation et à la guerre d'Algérie. Dans un très court discours prononcé le 11 avril 1975 à Alger, Valéry Giscard d'Estaing explique : « J'ai noté qu'un correspondant, parlant du voyage du Président de la République française en Algérie, disait que ce voyage avait suscité des sentiments mélangés. Je ne crois pas que cette interprétation soit exacte. Je crois qu'il faut dire que ce voyage suscite de nombreux sentiments, et ceci est en effet naturel lorsqu'on pense à la fois au passé, à l'avenir et au présent. Au passé, parce que le passé intensément vécu, même lorsque ces épreuves ont été surmontées, continue pour ceux qui l'ont connu à faire partie de leur propre vie. » Ce voyage de Valéry Giscard d'Estaing ne se traduit pas par un renforcement des liens politiques et culturels entre les deux pays.

Le partenariat initié par le général de Gaulle après l'indépendance insistait sur les nombreux secteurs d'activités d'échange, en particulier dans les domaines du pétrole et du gaz. Cette politique d'échanges économiques s'est poursuivie en dépit des secousses et des oppositions importantes comme la nationalisation du pétrole et du gaz en 1971. Cette politique a été portée par les présidents Georges Pompidou, puis Valéry Giscard d'Estaing qui se sont abstenus de porter un jugement sur l'histoire coloniale, afin de poursuivre ces échanges sans difficulté. On verra que cette histoire coloniale ne s'efface pourtant pas.

En évoquant la « tragédie algérienne » dans les années 1962-1981, il était surtout question de l'indemnisation des rapatriés, qui avaient perdu leurs biens en quittant précipitamment l'Algérie. Beaucoup étaient de condition modeste, avec un revenu bien inférieur à celui des habitants de la métropole lorsqu'ils vivaient en Algérie. Un secrétariat d'État aux rapatriés a longtemps fonctionné en France pour recenser les familles, classer les demandes, procéder au paiement des sommes proposées après évaluation. Une des dernières dispositions fut l'article 7 de la loi du 16 juillet 1987, concernant le versement des indemnités aux personnes âgées de plus de quatre-vingts ans au 1er janvier 1989, et l'article 9 de la même loi, relatif au versement de l'allocation en faveur des harkis.

Mais tous les dispositifs d'indemnisation pour les Européens d'Algérie ou les harkis ne suffisent pas à arrêter les saignements des mémoires blessées. Après l'indépendance de 1962, une immense littérature du désespoir a célébré l'attachement pour une terre ensevelie, engloutie, l'Algérie française d'hier. Les « pieds-noirs » ont dominé la production éditoriale consacrée à la vie quotidienne outre-mer, à l'Algérie ensoleillée et meurtrie, à sa guerre cruelle. Des années 1960 aux années 1980, à coups d'autobiographies, de récits de vie, de romans, de confessions douloureuses, des écrivains ont fait vivre cette histoire. Ils ont pour nom Jules Roy, Jean Pélégri et Emmanuel Roblès, ou d'autres plus jeunes comme Marie Cardinal et Alain Vircondelet. Des dizaines d'ouvrages, où filtraient l'amour pour un pays à jamais disparu, une mélancolie, une amertume aussi d'avoir été incompris, trahis, puis abandonnés. Il s'agissait de ne pas oublier, une sorte de « onzième commandement », comme le dit le titre du beau livre d'André Rossfelder, ami d'Albert Camus, qui intimait de rester fidèles aux siens.

L'arrivée de la gauche au pouvoir

Cette situation va-t-elle évoluer avec l'arrivée de la gauche au pouvoir en 1981 ? Pas tout à fait. Du 30 novembre au 1er décembre 1981, François Mitterrand effectue un voyage officiel en Algérie algérienne. Après la visite de Valéry Giscard d'Estaing en avril 1975, il est ainsi le second président de la République française à se rendre dans ce pays depuis l'indépendance en 1962. La visite de 1975 n'avait pas permis d'améliorer suffisamment les relations politiques entre Paris et Alger qui restaient difficiles. Après le voyage de 1981, on observe la conclusion de nombreux accords de coopération et le développement des relations économiques. Mais encore une fois, les questions mémorielles ne seront pas abordées. D'autant que le passé algérien de François Mitterrand, lorsqu'il était ministre de l'Intérieur puis ministre de la Justice entre 1954 et 1957, reste à l'époque très peu connu du grand public (en particulier son rôle sur les condamnations à mort de militants nationalistes algériens lorsqu'il était ministre de la Justice, pendant la fameuse « bataille d'Alger »)[1]. Le 29 septembre 1982, Pierre Mauroy, chef du gouvernement, présente un projet de loi « relatif au règlement de certaines conséquences des événements d'Afrique du Nord ». Le président de la République, François Mitterrand, avait déclaré quelques jours plus tôt : « Il appartient à la nation de pardonner. » Pardonner… C'est ce que refusent Pierre Joxe et Michel Rocard, et une partie importante du groupe socialiste à l'Assemblée. Le projet présenté va, en effet, beaucoup plus loin que les précédentes lois d'amnistie. Il permet la « révision de carrière » pour tous les policiers ou administrateurs civils renvoyés de la fonction publique entre 1961 et 1963. Et surtout, « la réintégration dans le cadre de réserve » de huit généraux putschistes d'avril 1961. Pierre Mauroy devra finalement avoir recours, pour la première fois du septennat, à l'article 49-3 pour faire passer le texte de loi dans son intégralité. Les gouvernements socialistes poursuivront en fait une politique ne laissant que peu de place à l'examen critique du passé colonial. Dans le même temps, les années 1980-1990, se développeront en France les mouvements de jeunes reliant leur présent qu'ils estiment injuste en raison de leur origine algérienne et la mémoire de leurs pères. La date du 17 octobre 1961 s'impose dans les esprits comme un moment particulier, celui de la répression violente de travailleurs algériens en France. Le 3 décembre 1983, 60 000 personnes défilent à Paris au terme d'une « marche pour l'égalité, contre le racisme », commencée le 15 octobre à Lyon et Marseille. Le nouveau mouvement antiraciste est né (SOS Racisme

1. Sur la politique du général de Gaulle et celle de François Mitterrand pendant la guerre d'Algérie, je renvoie à mes ouvrages publiés en 2020, dans la collection « Bouquins », Robert Laffont, sous le titre *Une mémoire algérienne*.

verra officiellement le jour, deux ans plus tard, dans le prolongement de cette marche). À la tête du cortège, des fils d'immigrés algériens. Ils ont vu leurs parents toujours revendiquer une nationalité niée, non reconnue, clandestine. Et longtemps, ils ont opposé cette nationalité intime, logée au fond d'eux-mêmes, à la nationalité française. Si les choses changent, la nouvelle génération ne peut se résoudre à traiter la naturalisation, c'est-à-dire le changement de nationalité, comme une simple opération administrative. Même si ses membres sont naturalisés français, elle est, malgré elle, sans cesse renvoyée à cette histoire. Face aux sommations d'usage des idéologues de la « francitude », portée en particulier par le Front national qui connaît son essor dans ces années 1980, le jeune d'origine algérienne refuse, le plus souvent, l'alternative qui lui intimerait de choisir sans nuances entre l'assimilation et le « retour » à la culture de ses parents. Il lui faut tenir – tâche ardue s'il en est – les bouts de deux histoires : vivre son désir d'appartenance à la société française, et ne pas renier la figure des parents.

La bataille pour la récupération d'une mémoire se situe au croisement de ces deux histoires : refus du statut qu'on veut leur assigner dans la société française (recommencer le même travail que les pères), demande de diversité dans les rôles sociaux et culturels à assumer, stratégies quotidiennes diversifiées… et, en même temps, attente de la reconnaissance de la figure du père. De plus en plus nombreux, les jeunes de l'immigration, ainsi que les enfants de harkis, se fixent donc l'objectif de réactiver les héritages de mémoire de leurs pères, de leurs grands-pères.

Il faudra attendre l'arrivée de Jacques Chirac au pouvoir en 1995 pour que le couvercle de la mémoire se soulève vraiment.

France, années 2000 : les accélérations de mémoires

Au début des années 2000, une accélération mémorielle se produit. Le 10 juin 1999, l'Assemblée nationale française reconnaissait le terme de « guerre d'Algérie » pour caractériser cette période de l'histoire. La France s'est enfin décidée à parler de « guerre ». Près de quarante ans après la conclusion de celle-ci, l'exigence de reconnaissance est devenue trop forte dans la société française pour que les euphémismes puissent persister. L'aspect traumatique de ce conflit avec tout ce qui touche au domaine des mémoires a traversé l'ensemble des générations. Le fait de reconnaître cette guerre ouvre une nouvelle période difficile à traiter, et aux conséquences incalculables. Se confrontent encore les réclamations des soldats, des harkis, des pieds-noirs, mais aussi des Algériens, de tous les protagonistes et de toutes les victimes de cette tragédie aux effets encore sensibles.

Avec la reconnaissance officielle en France de la « guerre d'Algérie », le problème de terminologie n'est pourtant pas vraiment réglé concernant la dénomination de cette guerre. Le mot utilisé n'est pas le même sur les deux rives de la Méditerranée. En Algérie, il est possible d'évoquer une « guerre de libération », une « guerre d'indépendance », une « révolution algérienne ». En France, après avoir longtemps parlé d'« événements », d'« opérations de police », reconnaît-on vraiment la guerre ? Dans la loi du 10 juin 1999, il est question de « guerre *d'*Algérie » et non de « guerre *en* Algérie ». Dire « guerre *en* Algérie », ce serait reconnaître alors une guerre entre deux pays séparés. Mais l'Algérie, formant trois départements intégrés au territoire national, n'était pas séparée de la France à l'époque coloniale. Les querelles de mots ont leur importance car ceux-ci traduisent et forgent des imaginaires séparés. Le travail mémoriel s'accélère.

Tout au long des années 2000, la France connaît un accroissement considérable du nombre de travaux, publications, films de fiction et documentaires, expositions autour de la guerre d'Algérie. Le secrétariat d'État aux Anciens Combattants envisage de promouvoir un mémorial, au centre de Paris, des soldats tués en Algérie. Il évoque la possibilité d'un lieu semblable dans sa conception à celui édifié à Washington pour les anciens du Vietnam. Les associations de rapatriés se félicitent des mesures d'indemnisation prises en leur faveur, et les chercheurs peuvent commencer à consulter les premières archives militaires françaises ouvertes depuis 1992. Ces progrès n'empêchent pas les saignements de mémoires. Les enfants d'immigrés algériens réclament toujours justice pour leurs pères tués un soir du mois d'octobre 1961, et les fils de harkis disent pourquoi ils sont toujours des « oubliés de l'histoire ». L'écriture de l'histoire de la guerre d'Algérie ne fait que (re)commencer.

Le samedi 4 novembre 2000, le Premier ministre français Lionel Jospin apporte son soutien à un appel lancé par des intellectuels, publié par le journal communiste *L'Humanité* le 31 octobre 2000. Dans cet appel, signé entre autres par Henri Alleg (son ouvrage *La Question*, publié puis interdit en 1958, avait fait grand bruit) ou le mathématicien Laurent Schwartz (fondateur du comité Maurice-Audin en 1957), on pouvait lire qu'il « revient à la France, eu égard à ses responsabilités, de condamner la torture qui a été entreprise en son nom durant la guerre d'Algérie ». Le soutien du Premier ministre est perçu comme un encouragement au développement de témoignages et prises de positions idéologiques sur cette question de la torture. Le quotidien *Le Monde* est en pointe sur ce thème. Ce journal avait déjà publié le 20 juin 2000 le témoignage recueilli par Florence Beaugé de Louisette Ighilahriz, une militante algérienne indépendantiste. Pendant trois mois à la fin de 1957, à Alger, cette jeune fille alors âgée de vingt ans fut atrocement torturée à l'état-major de la 10e division parachutiste du général Massu. Toujours sous la signature de Florence Beaugé, *Le Monde* publie le 9 novembre 2000 la terrible histoire d'une jeune femme, Kheïra, violée par des militaires français ; puis, le 11 novembre, les récits de Pierre-Alban Thomas, capitaine au deuxième bureau chargé de renseignement, de Georges Fogel et d'André Brémaud, simples soldats du contingent en Algérie. Ils disent avoir regardé la torture sans intervenir, et ce souvenir si longtemps occulté leur laisse un sentiment de dégoût et de honte.

Quarante ans après ces faits tragiques, une parole se libère. Une autre s'exprime aussi : celle de généraux ayant participé à la « bataille d'Alger » en 1957. Dans *Le Monde* du 23 novembre 2000, le général Jacques Massu, quatre-vingt-douze ans, juge positivement l'appel lancé par les intellectuels dans *L'Humanité* en faveur de la reconnaissance et de la condamnation de la torture en Algérie par la France. « Je prendrais ceci pour une avancée », déclare-t-il. Dans le même journal et le même jour, le général Paul Aussaresses, quatre-vingt-deux ans, se prononce, lui, contre une telle repentance. Il explique comment il « s'était résolu à la torture », et relate les exécutions sommaires auxquelles il s'est livré à Alger. Il affirme avoir tué de sa main vingt-quatre « suspects » algériens. Ce dernier témoignage connaît un grand retentissement.

Le 24 novembre 2000, le Premier ministre semble faire marche arrière, en refusant de donner son aval à la création d'une commission d'enquête parlementaire sur les tortures commises pendant la guerre d'Algérie, commission réclamée par le PCF. Mais le débat est désormais bien lancé : toutes les formations politiques, de droite comme de gauche, s'expriment sur le sujet. L'idée d'une commission d'historiens sur cette séquence fait son apparition, le problème des archives de la guerre d'Algérie est posé, le contenu des manuels scolaires traitant de cette période est évoqué, critiqué.

Le maire de Paris, Bertrand Delanoë, dépose une plaque le 17 octobre 2001 sur le pont Saint-Michel, à la mémoire des Algériens tués quarante ans auparavant. À ce moment-là, des organisations associatives, des syndicats et des partis politiques demandent la reconnaissance officielle de cette répression massive, le libre accès aux archives pouvant aider à écrire l'histoire de cette guerre et en particulier de cette journée du 17 octobre 1961. Quelques semaines auparavant, en août 2001, l'Éducation nationale contribuait à la vérité historique en organisant un important colloque sur « Comment enseigner l'histoire de la guerre d'Algérie ? », sous la direction de Jean-Pierre Rioux, devant trois cents enseignants d'histoire à l'Institut du monde arabe de Paris.

L'année 2001-2002 marque donc le franchissement d'un seuil. Le jeudi 5 décembre 2002, le président de la République française, Jacques Chirac, inaugure à Paris un « mémorial national » à la mémoire des soldats français morts en Algérie, au Maroc et en Tunisie de 1952 à 1962. Il déclare : « Quand le bruit des armes s'est tu depuis longtemps, quand les plaies se sont lentement refermées, non sans laisser de profondes cicatrices, alors, vient le temps de la mémoire et de la reconnaissance. Aujourd'hui, au nom de tous les Français, je veux rendre l'hommage de la nation aux soldats morts pour la France en Afrique du Nord, il y a presque un demi-siècle. Ils furent plus de 22 000. Je veux saluer, avec ferveur et gratitude, leur dévouement, leur courage, leur jeunesse sacrifiée. Je veux dire à leurs familles meurtries que nous ne les oublierons jamais. C'est le message que porte ce Mémorial national de la guerre d'Algérie et des combats du Maroc et de la Tunisie[1]. » Jacques Chirac a également associé à l'hommage les harkis – les Algériens qui ont combattu aux côtés des Français pendant la guerre d'indépendance de l'Algérie (1954-1962) – qui ont « tant donné à notre pays ». « La France adresse aujourd'hui un message tout particulier d'estime, de gratitude et d'amitié à leur égard », poursuit le président français. « Quarante ans après la fin de la guerre d'Algérie, après ces déchirements terribles au terme desquels les pays d'Afrique du Nord se sont séparés de la France, notre République doit assumer pleinement son devoir de mémoire. » Ce mémorial, situé quai Branly à Paris, près de la tour Eiffel, consiste en un ensemble de trois colonnes alignées, hautes de six mètres. Dans chacune d'elles, un afficheur électronique fait défiler dans un premier temps les noms et prénoms de quelque 23 000 soldats, dont 3 000 harkis. Se construisent de la sorte des espaces mémoriels qui, à leur tour et avec le passage du temps, deviendront des instruments de perpétuation de la mémoire.

L'année suivante, plusieurs centaines de milliers de personnes se pressent à Alger puis à Oran, aux premiers jours de mars 2003, pour acclamer le président Chirac, en visite d'État en Algérie. La foule des Algériens massés le long du parcours officiel surprend par son ampleur et son enthousiasme. Au lendemain de cette visite où des espoirs de réconciliation sont permis, un traité d'amitié

1. Voir en annexe les discours prononcés par les présidents de la République française entre 2002 et 2018 à propos de l'Algérie entre histoire et mémoire.

entre les deux présidents, Abdelaziz Bouteflika et Jacques Chirac, est envisagé sérieusement.

Devant plus de cinq cents députés et sénateurs algériens, Jacques Chirac pose les fondations d'une « nouvelle alliance » entre la France et l'Algérie qui, selon le président français, « doit être nourrie par un passé commun de cent trente-deux ans, des intérêts économiques et politiques et surtout par des liens humains des deux côtés de la Méditerranée ». « Les destins de l'Algérie et de la France s'entrecroisent », dit-il, en notant qu'« un Français sur six vit un lien charnel avec l'Algérie, qu'il en soit originaire d'avant ou d'après l'indépendance ». Aujourd'hui, « le moment est venu d'une nouvelle alliance algéro-française », lance aussi Jacques Chirac. « Un champ neuf et immense s'ouvre devant nous. Nous nous y sommes engagés résolument », ajoute aussi le chef de l'État français en rappelant qu'il a signé une déclaration d'amitié qui sera « rapidement » suivie d'un traité, à l'image de celui qui a marqué la réconciliation franco-allemande de 1963.

Jacques Chirac évoque sans fard la « tragédie » de la guerre d'Algérie (1954-1962), qui a fait, selon des estimations controversées, près de 1,5 million de morts et provoqué « l'exode de 1 million de pieds-noirs et de 80 000 harkis ». « Ce passé, encore douloureux, nous ne devons ni l'oublier ni le renier », dit-il encore en invitant Français et Algériens à respecter toutes les victimes de la guerre, les combattants de l'indépendance « *comme celles et ceux qui ont dû se résoudre à l'exil* », européens et harkis. Signe de cette réconciliation, deux des plus célèbres acteurs algériens de la « bataille d'Alger » de 1957, Yacef Saâdi, l'ancien chef de la zone autonome d'Alger, et Zohra Drif, montent à la tribune pour serrer longuement la main de M. Chirac à l'issue de son discours.

Cette visite alimente des rumeurs sur la revalorisation

des pensions des anciens combattants, ou encore sur une éventuelle suppression des visas entre les deux pays. Chez les anciens combattants algériens s'étant battus pour la France – quelque 40 000 personnes –, on évoque la parité tant réclamée des pensions avec celles des anciens combattants français.

Autre manifestation de ce « devoir de mémoire », le président français dépose une gerbe au cimetière de Bologhine (ex-Saint-Eugène), dans les faubourgs ouest d'Alger, qui comporte 25 000 tombes européennes et 4 800 tombes juives. Il annonce, devant la communauté française locale, un plan visant à entretenir et rénover les cimetières européens d'Algérie, dont la plupart sont pratiquement à l'état d'abandon. Preuve d'un changement évident de « climat » autour de la mémoire de la guerre d'Algérie : aucune grande association de pieds-noirs ou de harkis ne proteste contre cette visite d'État en Algérie… Une page douloureuse se tourne-t-elle enfin ?

Pourtant, en 2005, un basculement s'opère, une « guerre des mémoires », larvée, s'installe ouvertement dans le paysage culturel et politique. La loi du 23 février 2005, adoptée par l'Assemblée nationale en France, explique dans son article 4 les « bienfaits d'une colonisation positive ». Les déclarations d'hostilité à cette loi se multiplient, provenant du monde des historiens, et des hommes politiques, comme on l'a vu dans la partie précédente. Le consensus n'arrive plus à s'établir autour de la commémoration de la fin de cette guerre, et encore moins d'une « réconciliation ». Proposée à l'Assemblée nationale le 28 février 2006, la date du 19 mars, en souvenir des accords d'Évian signés le 19 mars 1962, est rejetée[1]. Les

1. Le projet de loi stipulait en son article 1er : « Le devoir de mémoire concernant la guerre d'Algérie, ses morts pour la France,

députés de l'UMP refusent cette date au motif que les affrontements se sont poursuivis (fusillade de la rue d'Isly le 26 mars 1962, enlèvements d'Européens à Oran le 5 juillet, et massacres de harkis à partir de l'été 1962). Et la « guerre des mémoires » autour de la question des musées ne cesse pas dans le midi de la France. Si le projet d'un mémorial à Marseille semble abandonné, il n'en est pas de même à Perpignan. À la veille du voyage présidentiel de Nicolas Sarkozy en Algérie, l'inauguration, en décembre 2007, du « mur des victimes du FLN », à Perpignan, a lieu.

Le chercheur Jean-Robert Henry écrit, à propos du projet avorté du musée de l'Histoire de la France et de l'Algérie, à Montpellier, élaboré en 2012 : « L'entreprise se révèle ardue quand il s'agit de rendre accessible au grand public un savoir historique qui heurte ou relativise les voix et certitudes de la mémoire ou qui tente d'établir des passerelles avec elles. C'était l'objectif du projet de musée sur l'Histoire de la France et de l'Algérie (MHFA) à Montpellier, tel qu'il avait été défini en 2012. La mise en œuvre du projet et son abandon deux ans plus tard alors qu'il était sur le point d'être achevé illustrent de façon exemplaire les divers obstacles auxquels se trouvent confrontées les initiatives visant à créer des musées ou à monter des expositions historiques quand elles se déploient dans un environnement sensible et se heurtent à des politiques mémorielles soumises aux considérations électorales locales[1]. »

---

ses combattants et ses rapatriés sera commémoré officiellement les 5 décembre et 19 mars. »

1. Jean-Robert Henry « L'histoire aux prises avec les mémoires. L'exemple du musée avorté de Montpellier sur l'histoire de la France et de l'Algérie », in *L'Année du Maghreb*, n° 19, 2018-II, p. 133-164.

Algérie : Le retour des noms propres

Le 14 juin 2000, le président de la République algérienne, Abdelaziz Bouteflika, prononce, en français, un discours devant l'Assemblée nationale française, en s'adressant à son hôte Jacques Chirac. Dans sa première partie, il reconnaît : « La colonisation, au siècle dernier, nous a ouverts à la modernité. » Il ajoute aussi que « c'était une modernité par effraction, une modernité imposée qui a engendré le doute et la frustration, tant il est vrai que la modernité se discrédite quand elle prend le visage grimaçant de l'oppression et du rejet de l'autre ». Plus loin, il précise : « La colonisation porta l'aliénation de l'autochtone à ses limites extrêmes. Si ce qu'on a appelé la décolonisation lui rendit la liberté, elle ne lui a pas, pour autant, assuré une relation décolonisée avec l'ancien maître. » Dans son discours, qui fixe la doctrine du rapport avec la France pour les années à venir, il tire les conséquences de son analyse pour le présent et l'avenir : « Si la colonisation a pris fin, ses conséquences, qui sont loin d'être épuisées, la maintiennent toujours sur la sellette. S'en laver les mains, même à quarante ans de distance, c'est emboîter le pas à une pratique politique digne d'un Ponce Pilate. » Il condamne ainsi le « déni de solidarité » de la France envers l'Algérie, en invoquant sa « dette imprescriptible » : « La lourde dette morale des anciennes métropoles envers leurs administrés de jadis s'avère ineffaçable et – pourquoi ne pas l'avouer ? – imprescriptible. En tout cas, elle continuera à peser sur les rapports Nord-Sud, aussi longtemps qu'elle n'aura pas été exorcisée, c'est-à-dire lucidement prise en compte. » Dans la conclusion il explique : « Le fait colonial ne saurait être ignoré. Que vous sortiez des oubliettes du non-dit la guerre d'Algérie, en la désignant par son nom, ou que vos institutions éducatives s'efforcent de rectifier, dans les manuels scolaires, l'image parfois déformée de certains épisodes de la colonisation, représente un pas encourageant dans l'œuvre de vérité que vous avez entreprise, pour le plus grand bien de la connaissance historique et de la cause de l'équité entre les hommes[1]. »

Le vendredi 2 septembre 2005, à Chlef, au stade Boumezrag, Abdelaziz Bouteflika prononce un discours électoral. Il aborde, devant un auditoire attentif, une question taboue : les harkis. Il déclare : « Les enfants des harkis ont les mêmes droits que le reste des Algériens, à condition qu'ils défendent ce paisible pays. » « Les enfants des harkis ne sont pas responsables des actes de leurs parents. » Bien accueillie par une partie de la communauté harki, la façon de procéder est toutefois condamnée par une autre importante partie : comment dissocier, voire opposer, la figure du père à celle des enfants ? Comment accepter de revenir en Algérie sans la présence de ses parents ? Faut-il condamner les actions passées de son père comme condition d'un retour possible ? Les dirigeants algériens insistent sur le traumatisme de violence subi pendant la période de guerre pour justifier leur position, qui ne bougera pas.

Dans le discours politique algérien officiel, mais aussi dans une large partie de l'opinion algérienne, le souvenir d'une période coloniale traumatisante subsiste fortement (le leader algérien Ferhat Abbas a évoqué une « nuit coloniale »), avec les violences, les exactions commises au temps de la guerre (et que bien peu de Français connaissent). Ce souvenir s'est transmis dans les nouvelles générations. Citons, en particulier, le déracinement/dépla-

---

1. « Le message de M. Bouteflika », *Le Monde*, 17 juin 2000, p. 18.

cement de deux millions de paysans algériens, chassés de leurs terres dans le souci d'isoler les indépendantistes algériens de leur base sociale, rurale. Ce déplacement forcé, qui a causé un énorme bouleversement dans le paysage agricole de l'Algérie, a été dénoncé en son temps par le jeune énarque Michel Rocard, dans un rapport de 1959. Citons aussi la destruction de centaines de villages et la mise en place des « zones interdites » où aucun Algérien ne pouvait plus circuler sous peine d'être abattu ; les dizaines de milliers de disparus, dont les familles réclament encore de connaître l'endroit où gisent leurs corps ; l'utilisation du napalm, qui porte le nom de « bidons spéciaux », notamment pendant la mise en œuvre du plan Challe en 1959 ; la pose de milliers de mines aux frontières marocaine et tunisienne qui ont tué ou estropié des milliers de jeunes Algériens ; la contamination des populations sahariennes par les bombes atomiques des essais nucléaires commencés en 1960 ; la pratique massive de la torture ; l'exil de centaines de milliers d'Algériens vers le Maroc ou la Tunisie ; la mise en place de centres de rétention administrative où étaient détenus des milliers d'Algériens, souvent sans jugement... Tous ces cas et d'autres, bien documentés par les travaux récents d'une nouvelle génération d'historiens en France, ou à l'échelle internationale, témoignent de la brutalisation de la société algérienne ; et ils peuvent encore faire l'objet d'enquêtes, d'investigations, par des commissions de chercheurs d'une rive à l'autre de la Méditerranée.

Dans les années 2000, et pendant le mouvement populaire de l'année 2019, le retour dans l'espace public algérien de figures longtemps mises au secret par l'histoire officielle est une revendication portée par la jeunesse voulant renouer avec une mémoire s'approchant de la vérité historique. Le retour des figures de Larbi Ben M'hidi et

Ali Boumendjel, assassinés par l'armée française pendant la « bataille d'Alger » en 1957 (leurs portraits ont été brandis par de jeunes manifestants), ainsi que des portraits de figures plus anciennes comme celles de Messali Hadj ou de Ferhat Abbas ont fait leur apparition dans les manifestations. Désormais, l'aéroport de Tlemcen porte le nom de Messali Hadj, et l'université de Sétif a été baptisée du nom de Ferhat Abbas. Des controverses, parfois vives et sources de notables conséquences politiques et culturelles, ont secoué le devant de la scène mémorielle : qui a assassiné le leader algérien du FLN Abane Ramdane ? (Il a, en fait, été tué par ses compagnons du FLN, au Maroc en décembre 1957.) Qui est le responsable de la mort de 374 villageois de Mélouza soupçonnés de sympathies messalistes, le 28 mai 1957 ? Ce carnage pousse à l'interrogation sur les origines, la nature de la violence qui a traversé l'Algérie dans les années 1990. Et l'État a du mal à conserver le monopole d'écriture de l'histoire. Dans les polémiques et les réécritures, l'enjeu est de permettre aux acteurs, la jeunesse en particulier, de s'approprier un passé qui leur a échappé. Progressivement, se pose la question de savoir s'il est possible d'écrire un récit qui puisse s'approcher d'une vérité admise par tous. Les manuels scolaires changent avec l'introduction de figures nouvelles longtemps mises au secret de l'histoire officielle, comme celles de Krim Belkacem (chef historique du FLN qui a signé l'acte d'indépendance au bas des accords d'Évian, assassiné en 1970) ou de Mohamed Boudiaf (lui aussi personnage central, qui vécut vingt-huit ans en exil au Maroc et fut assassiné peu après son rappel et sa nomination comme chef de l'État en 1992). Des récits de vie, des autobiographies, nombreuses, tout au long des années 2000, apparaissent ainsi comme des instruments possibles d'élaboration collective du passé, tout en laissant s'exprimer une pluralité de points de vue, sur les plans politique, culturel, linguistique, religieux.

En Algérie, dans un message à l'occasion du double anniversaire des massacres dans le Nord-Constantinois (1955) et du congrès de la Soummam (1956), le président de la République algérienne Abdelmadjid Tebboune a appelé à « tourner la page des divisions », et à « libérer les énergies créatrices pour concrétiser l'édification d'une Algérie forte », rapporte le quotidien *El Moudjahid*, le 20 août 2020. « Après le rapatriement des ossements de vingt-quatre chefs de la Résistance populaire » depuis la France, le chef de l'État réitère également « son engagement à poursuivre cette entreprise jusqu'à ce que les ossements de tous les chouhada [...] soient honorablement inhumés dans leur pays », ajoute le quotidien public. Depuis Bordj Bou Arreridj, le ministre des Moudjahidine Tayeb Zitouni précise à cet égard que « les commissions chargées notamment des archives nationales séquestrées en France, des indemnisations liées aux essais nucléaires français dans le Sahara algérien » se réuniront après la pandémie de Covid 19.

Le chemin déjà accompli...

... sous la présidence de Jacques Chirac

Bien qu'il ne s'agisse pas ici de l'Algérie, il faut noter que Jacques Chirac, lors d'un discours prononcé le 21 juillet 2005 à Antananarivo sur les relations franco-malgaches et l'aide au développement, a levé un tabou en s'exprimant de manière très ferme sur le massacre colonial des années 1947-1948 commis par la France lors d'un soulèvement dans l'île : « Il faut aussi évoquer les pages sombres de notre histoire commune – il y en a eu – et donc il faut avoir conscience du caractère inacceptable des répressions engendrées par les dérives du système colonial. En 1947, le sentiment national montait sur la Grande Île où s'enchaînèrent des événements tragiques. Rien ni personne ne peut effacer le souvenir de toutes celles et de tous ceux qui perdirent injustement la vie et je m'associe avec respect à l'hommage qu'ils méritent. Nous ressentons aussi ce désir profond que nous avons tous, Malgaches et Français, de vivre en paix avec le passé. Poursuivons, car il est nécessaire, un travail de mémoire qui retrace les faits et qui puisse apaiser les cœurs. » Selon différentes sources, ce massacre colonial a fait entre 50 000 et 80 000 morts.

... sous la présidence de Nicolas Sarkozy

Le président Sarkozy se rend à Alger du 3 au 5 décembre 2007 pour une visite d'État très attendue. Il y est question du projet politique de l'Union méditerranéenne, que le président français voulait voir aboutir dès 2008, et des gros contrats que les deux pays ont signés dans l'agroalimentaire, le gaz, le nucléaire ou le pétrole. Pendant la campagne électorale présidentielle en 2007, le candidat Nicolas Sarkozy a multiplié les discours sur « l'anti-repentance », expliquant que la France ne s'excusera jamais pour des méfaits ou exactions commises pendant la colonisation. Pourtant, le 5 décembre 2007, le président Nicolas Sarkozy déclare dans un discours prononcé dans la ville de Constantine : « Dans cette ville, que je n'ai pas choisie par hasard, les pierres se souviennent encore de ce jour de 1837 où un peuple libre et fier, exténué après avoir résisté jusqu'à l'extrême limite de ses forces, fut contraint de renoncer à sa liberté. Les pierres de Constantine se souviennent encore de cette journée terrible du 20 août 1955 où chacun fit couler ici le sang, pour la cause qui lui semblait la plus juste et la plus légitime. Ce n'est pas parce que 1955 est l'année de ma naissance que je dois ignorer cette bataille et cette date. Le déferlement de violence, le déchaînement de haine qui, ce jour-là, submergea Constantine et toute sa région et tua tant d'innocents étaient le produit de l'injustice que depuis plus de cent ans le système colonial avait infligé au peuple algérien. »

Sous la présidence de Nicolas Sarkozy, une décision encore inconcevable il y a quelques années est annoncée en octobre 2007 : la France restitue à l'Algérie le plan des mines posées pendant la guerre d'Algérie, aux frontières tunisienne et marocaine. En tout, 11 millions de mines antipersonnel ont été enfouies pour empêcher les Algériens de l'ALN, à l'époque, d'accéder en Tunisie et au Maroc. Depuis 1962, l'armée algérienne a entamé des opérations de nettoyage des régions truffées de mines : 8 millions de mines ont été détruites, alors que 3 autres millions présentent toujours une source de danger pour les populations des régions limitrophes. Depuis des années, les Algériens évoquaient les ravages de ces fameux champs de mines ; le chiffre de 40 000 victimes, blessés et morts, depuis l'indépendance de 1962, a été avancé par Alger.

Beaucoup de Français découvrent alors, à cette occasion, l'ampleur de cette guerre longtemps restée sans nom, et le lourd silence qui a entouré ces pratiques. D'autres gestes sont accomplis, comme la restitution des archives audiovisuelles, et deux déclarations importantes : la condamnation en 2005 par l'ambassadeur de France Hubert Colin de Verdière des massacres de Sétif de 1945, et celle des événements de Guelma et Kherrata qui avaient été concomitants à ceux de Sétif, par le nouvel ambassadeur Bernard Bajolet en avril 2008. Ce dernier qualifie de

« massacres » la répression par les autorités françaises des manifestations d'Algériens en faveur de l'indépendance, immédiatement après la fin de la Seconde Guerre mondiale. « Le 8 mai 1945, dit-il, alors que les Algériens fêtaient dans tout le pays, avec les Européens, la victoire sur le nazisme, à laquelle ils avaient pris une large part, d'épouvantables massacres ont eu lieu à Sétif, Guelma et Kherrata. » Le diplomate français souligne « la très lourde responsabilité des autorités françaises de l'époque dans ce déchaînement de folie meurtrière. [...] Aussi durs que soient les faits, la France n'entend pas, n'entend plus, les occulter. Le temps de la dénégation est terminé. » Ces massacres « ont fait insulte aux principes fondateurs de la République française et marqué son histoire d'une tache indélébile ».

... sous la présidence de François Hollande

Le 17 octobre 2012, quelques mois après son élection, François Hollande déclare dans un bref communiqué que « la République reconnaît avec lucidité » la répression « sanglante » de la manifestation d'Algériens à Paris le 17 octobre 1961. « Le 17 octobre 1961, des Algériens qui manifestaient pour le droit à l'indépendance ont été tués lors d'une sanglante répression. La République reconnaît avec lucidité ces faits. Cinquante et un ans après cette tragédie, je rends hommage à la mémoire des victimes. »

Le communiqué de l'Élysée est vivement critiqué par l'extrême droite qui dénonce un « acte de repentance », et par le président du groupe UMP à l'Assemblée nationale, Christian Jacob. « S'il n'est pas question de nier les événements du 17 octobre 1961 et d'oublier les victimes, il est intolérable de mettre en cause la police républicaine et avec elle la République tout entière. François Hollande doit rassembler et sa tentative de politiser les enjeux de mémoire d'une période difficile de notre histoire est dangereuse pour la cohésion nationale. » Ces condamnations n'empêchent pas le maire socialiste de Paris, Bertrand Delanoë, de rendre hommage aux victimes de la répression du 17 octobre 1961, après avoir déposé une gerbe de fleurs devant la plaque commémorative qu'il avait inaugurée en 2001 au pont Saint-Michel.

En décembre de la même année 2012, François Hollande réitère : il dénonce dans un discours à l'Assemblée nationale algérienne les « cent trente-deux ans pendant lesquels l'Algérie a été soumise à un système profondément injuste et brutal. Ce système a un nom : c'est la colonisation ». François Hollande est revenu sur cette période et la guerre de décolonisation en expliquant qu'« à Sétif, la France a manqué à ses valeurs universelles ». Il souhaite « que les historiens aient accès aux archives pour que la vérité puisse être connue de tous », précisant que « la vérité répare et rassemble, alors l'histoire, même quand elle est tragique, doit être dite ».

En mars 2016, une autre initiative provoquera des polémiques : la décision du président Hollande de dédier une journée de commémoration à toutes les victimes de la guerre d'Algérie, le 19 mars. Pour incarner cette décision, il est le premier président à participer aux cérémonies, et prononce ce jour-là un discours décisif devant le mémorial du quai Branly. Il veut contribuer à refermer un pan douloureux et encore refoulé de l'histoire de la France. François Mitterrand, son prédécesseur comme président de la gauche, ne s'était pas risqué à le faire. François Hollande déclare, dans la suite de son discours prononcé à Alger en 2012 : « Le système colonial niait l'aspiration des peuples à disposer d'eux-mêmes. » Il poursuit : « Le 19 mars, ce n'est pas la paix, c'est la sortie de la crise. »

« Le 19 mars, ce sont les mémoires de toutes les victimes qui sont reconnues. Nous commémorons cette année les soixante ans de l'accession à l'indépendance de la Tunisie et du Maroc. Le sens de la journée nationale du 19 mars, c'est d'honorer toutes les souffrances. C'est de rendre hommage aux victimes civiles et militaires tombées. La France et l'Algérie travaillent ensemble pour lever le voile sur ces victimes. » Et le chef de l'État de se lancer dans un plaidoyer pour la recherche historique.

Le choix du 19 mars, soutenu par l'association des anciens combattants d'Afrique du Nord (FNACA), suscite une vive polémique, mais entrera ensuite dans le calendrier commémoratif officiel, comme « journée nationale du souvenir et de recueillement à la mémoire des victimes civiles et militaires de la guerre d'Algérie et des combats en Tunisie et au Maroc ». Mais cette date reste aujourd'hui encore très contestée par la droite qui souligne qu'après le 19 mars, sont intervenus la fusillade de la rue d'Isly (26 mars), les enlèvements d'Européens à Oran (5 juillet), et les massacres de harkis. L'extrême droite adopte les mêmes positions, ce qui signifie qu'un consensus sur la fin de la guerre d'Algérie n'est décidément pas possible en France.

Autre signe d'une volonté de détente de la part de François Hollande, la session du « Comité intergouvernemental de haut niveau franco-algérien » du 7 décembre 2017 à Paris. Cette session, à laquelle ont pris part plusieurs membres des gouvernements algérien et français, a été l'occasion pour les deux parties de « réaffirmer leur volonté de hisser le partenariat économique et industriel entre l'Algérie et la France au niveau d'excellence de leurs relations politiques et [de se] félicit[er] de la réussite de la quatrième session du Comité mixte économique franco-algérien (COMEFA), tenue à Alger le 12 novembre 2017, qui a été couronnée par la signature de trois accords de partenariat dans les domaines de l'automobile, l'énergie et l'agroalimentaire[1] ». Mais la question mémorielle n'avait pas été abordée lors de cette rencontre.

... sous la présidence d'Emmanuel Macron

Le 13 septembre 2018, l'Élysée communique un texte, remis à Josette Audin et à son fils Pierre, du président Emmanuel Macron, élu à la présidence de la République en 2017. Il déclare à propos de la disparition de Maurice Audin, jeune mathématicien enlevé et assassiné pendant la « bataille d'Alger », en 1957 : « Depuis soixante et un ans, la "disparition" de Maurice Audin, jeune mathématicien qui travaillait à l'université d'Alger et militait pour l'indépendance algérienne, reste une zone d'ombre de l'histoire de la guerre d'Algérie. Ceux qui, dans la lignée de Pierre Vidal-Naquet, ont enquêté sur l'affaire – historiens, journalistes, documentaristes, etc. – ont minutieusement recoupé les témoignages, les documents, les vraisemblances pour établir un faisceau d'indices concordants. Leurs travaux s'accordent tous à reconnaître que la mort de Maurice Audin a été rendue possible par un système légalement institué qui a favorisé les disparitions et permis la torture à des fins politiques. Le président de la République, Emmanuel Macron, a par conséquent décidé qu'il était temps que la nation accomplisse un travail de vérité sur ce sujet. Il reconnaît, au nom de la République française, que Maurice Audin a été torturé puis exécuté ou torturé à mort par des militaires qui l'avaient arrêté à son domicile. Il reconnaît aussi que si sa mort est, en dernier ressort, le fait de quelques-uns, elle a

1. Voir en annexe le procès-verbal de cette réunion.

néanmoins été rendue possible par un système légalement institué : le système “arrestation-détention”, mis en place à la faveur des pouvoirs spéciaux qui avaient été confiés par voie légale aux forces armées à cette période. »

Cette déclaration d’Emmanuel Macron va plus loin que les prises de position des précédents chefs d’État, et marque un seuil sur les responsabilités de l’État français dans la conduite de la guerre d’Algérie. En effet, cette déclaration sur l’« affaire Audin » évoque un *système* établi à la faveur des « pouvoirs spéciaux » (votés en mars 1956 par l’ensemble des forces de gauche de l’époque), qui a limité la liberté d’expression, entravé les droits individuels, légitimé des centres de rétention administrative, mis en place des « zones interdites » où l’on pouvait tirer sans sommation sur un civil aperçu. Ce vote de mars 1956 a également permis l’envoi des jeunes du contingent en Algérie.

Cette prise de position du président de la République renvoie aussi à la question des *disparus* de la guerre d’Algérie. Le corps de Maurice Audin n’a jamais été retrouvé. Comme ceux de milliers d’Algériens pendant la « bataille d’Alger », ou d’Européens à Oran dans l’été 1962. Comment faire son deuil de cette guerre si l’on n’évoque pas le sort des personnes qui n’ont jamais été enterrées ? Et qui continuent d’errer, comme des fantômes, dans les consciences collectives française et algérienne ? Sortir de l’effacement, de la disparition permet de s’approcher de la réalité, de la réconciliation possible.

La déclaration est vivement critiquée par la droite et l’extrême droite, expliquant qu’il s’agit là de « repentance », et qu’il ne faut surtout pas évoquer la part d’ombre du passé français. Mais pour de nombreux jeunes, et pour les Français qui veulent dépasser ce temps historique ancien de la guerre d’Algérie, elle laisse une trace favorable, comme le montrent des sondages d'opinion. Cette déclaration n'est pas un verdict définitif à propos de la guerre d'Algérie. Elle dit des faits, déjà établis depuis longtemps par les historiens ; maintient ouverte la porte des controverses citoyennes pour sortir de la rumination du passé et des blessures mémorielles ; encourage les acteurs et témoins à parler de leurs souffrances (en particulier les anciens appelés d'Algérie). Ce faisant, elle recrée les outils d'un travail de mémoire jamais clos, en soulignant aussi la nécessaire ouverture, des deux côtés de la Méditerranée, des archives de la guerre d'Algérie.

Pour Emmanuel Macron, cette opération vérité sur la guerre d'Algérie avait commencé par une déclaration en pleine campagne présidentielle sur le fait que « la colonisation est un crime contre l'humanité ». Emmanuel Macron, premier président à être né après la guerre d'Algérie, veut s'attaquer aux « secrets de famille », qui rongent encore la société française comme un « poison ». Il annonce l'ouverture des archives de la guerre d'Algérie sur les milliers de disparus et lance un appel aux témoins qui ne se seraient jamais manifestés. Bien au-delà du cas de Maurice Audin, souligne l'Élysée, l'objectif est de favoriser le travail des historiens et « de donner aux familles des disparus, des deux côtés de la Méditerranée, les moyens de savoir ce qui s'est passé ». Cela, insiste la présidence, « concerne tout le monde, civils, militaires, Algériens, Français ».

Un autre volet de cette opération visera les harkis : des annonces sont attendues sur la question de l'indemnisation ainsi que des gestes symboliques sur les lieux de mémoire de cette communauté.

C'est dans le même sens que, le 24 juillet 2020, le président Macron m'a confié la mission dont ce livre rend compte.

Au début de ce même mois, signe fort d'un dégel dans

les relations entre l'Algérie et l'ancienne puissance coloniale, Paris a remis les restes de vingt-quatre combattants algériens tués au début de la colonisation française au XIXe siècle. Un geste considéré comme « un grand pas » par Alger.

À côté de ces discours et actes provenant des puissances étatiques, existent aussi entre les deux sociétés civiles algérienne et française des initiatives qui vont dans le sens d'une meilleure relation entre les deux pays. Je cite en annexe 2 une liste, certes non exhaustive, de ces interactions souvent fécondes entre citoyens et associations diverses.

PARTIE III

DES DÉFIS À RELEVER

« Pourquoi vouloir retourner là-bas, pourquoi écrire ces pages sinon pour essayer de comprendre l'équilibre, ou le déséquilibre, que créent en moi l'alliance ou la guerre de deux cultures ? »

Marie Cardinal, *Au pays de mes racines*, 1980.

« Le pays natal, le mien, c'est là où je suis née pour partir.
Je suis sortie, j'ai franchi les frontières, je me suis évadée. Mais je ne suis pas partie. Je veux dire que je ne suis arrivée nulle part… Autrement dit, je n'ai pas réellement atterri. »

Leila Sebbar, *Le Pays natal*, 2013.

La difficile tâche de réconciliation mémorielle entre la France et l'Algérie ne consiste sûrement pas à rédiger une « loi mémorielle » pour construire une histoire immuable, qui entraverait tout exercice critique de l'histoire. Il ne s'agit pas davantage de donner l'illusion d'écrire une histoire commune, en occultant les divergences profondes dans la construction des imaginaires nationaux, et en « oubliant » les récits tragiques d'une histoire coloniale, pourtant commune.

Il s'agit, plus modestement, d'ouvrir des possibilités de passerelles sur des sujets toujours sensibles, mais permettant d'avancer, de faire des pas ensemble. La question des archives, le problème des « disparus », l'importance des images, et les formes de caractérisation du fait colonial : dans cette recherche, j'ai choisi quatre sujets qui me paraissent délicats, permettant de dire que nous pouvons, ensemble, affronter ce passé difficile.

Les archives, un « patrimoine commun » ?

On sait par le grand travail de l'historienne Arlette Farge que l'archive permet d'ouvrir une brèche entre passé et présent. Dans cette sensation de « toucher le réel », l'historien et son lecteur peuvent avoir l'impression d'ouvrir une fenêtre sur le passé, et de créer le sentiment d'une rencontre avec les disparus d'autrefois. C'est pourquoi les archives sont si importantes pour « sentir » le passé, pour qu'une société puisse garder le fil de sa propre identité. On sait aussi qu'Arlette Farge refuse de voir dans l'archive une source historique absolument intangible, et ne s'intéresse pas seulement aux informations, aux renseignements fournis par les documents (registres, listes, rapports, procès-verbaux...), mais aussi aux marges de ces documents, à ce qu'il y a à côté, ou derrière les mots couchés sur le papier. En effet, si l'historien doit se pencher sur ce que signifient les mots des archives, c'est pour y déceler ce que, en creux, ces mots disent du réel : dans les lacunes et les absences de représentations, parfois, entendre la voix des oubliés des histoires étatiques. Dans les silences, interpréter une langue populaire, une pratique culturelle, une résistance à un pouvoir... Pour les historiens, il s'agit donc de « posséder l'archive », et, en même temps, d'aller au-delà de l'archive, de saisir ce qui réside en elle mais aussi ce qui la dépasse et la déborde. Le sens n'est pas immédiatement donné par l'archive ; il est à chercher « sous le désordre apparent des récits, des faits et des événements ». On aura compris que la possession et la communication des archives sont un enjeu central dans une démocratie, et dans la reconquête d'une mémoire personnelle ou collective. Mais toutes les vérités ne sortent pas mécaniquement des stocks d'archives...

Si la France et l'Algérie se parlent aujourd'hui avec une volonté de rapprochement, la vision des choses, concernant les archives de la période coloniale, diffère catégoriquement de chaque côté de la Méditerranée.

Si la restitution en juillet par la France des vingt-quatre

crânes de combattants algériens décapités au début de la colonisation au XIXe siècle a été appréciée comme « un grand pas » par Alger, le conseiller spécial du président algérien, M. Chikhi, a réclamé ce même mois la restitution « de toutes les archives nationales détenues par la France et se rapportant à plusieurs périodes de notre histoire », en invoquant les lois internationales voulant que « les archives appartiennent au territoire dans lequel elles ont été produites ». La France de son côté invoque le fait que ce sont des « archives de souveraineté », dans la mesure où le territoire de l'Algérie était constitué en trois départements français pendant la période coloniale.

Le principe de partition des archives qui a prévalu en 1961-1962 était celui de la distinction entre archives de gestion (laissées sur place) et archives de souveraineté (transférées en France), principe qui a, par exemple, prévalu avec le Vietnam (convention franco-vietnamienne du 15 juin 1950). S'il n'existe aucune définition légale des archives de souveraineté et des archives de gestion, le diptyque « souveraineté/gestion » est pourtant une notion juridique admise par tous les États dans un autre domaine du droit, celui des immunités d'État, en vertu desquelles un État n'est pas soumis à la juridiction d'un autre État. Les archives rapatriées concernaient donc soit des archives de nature politique, parce que produites par la haute administration, quels que soient les sujets traités, soit des archives régaliennes, relatives aux affaires diplomatiques, militaires, à la justice, à la sécurité... quel que soit le producteur. Le transfert a donc concerné les archives produites par « des personnes ou des services investis par la loi de l'exercice de la souveraineté française » : gouverneurs ou résidents généraux, leurs cabinets, dans une moindre mesure leurs subordonnés directs (préfets et sous-préfets, administrateurs), certains services spécialisés comme la police, les communes mixtes (pour partie), les juridictions pénales (archives relatives à la guerre d'Algérie). Il a également été décidé de transférer en France les archives relatives à la colonisation foncière, qui concernaient directement la population rapatriée et sont emblématiques de la présence française en Algérie.

Est en revanche demeuré en Algérie l'ensemble des « archives de gestion », nécessaires au nouvel État pour gérer son territoire et sa population : archives des administrations fiscales, dont le cadastre, des services de l'agriculture, de l'industrie, des transports, de l'équipement et de l'urbanisme, des chambres de commerce et d'artisanat, des ports, des administrations sociales et de santé, des hôpitaux, administrations et établissements scolaires et universitaires, des tribunaux civils, des notaires, des municipalités...

L'état civil est également demeuré en Algérie. Le ministère des Affaires étrangères, en allant sur place, a fait microfilmer après l'indépendance les deux tiers de l'état civil, concernant majoritairement les « Européens ». Ils sont aujourd'hui numérisés et mis en ligne aux Archives nationales d'outre-mer (ANOM) pour les actes de plus de cent ans. Les Archives nationales ont promis de faire numériser le tiers restant.

Durant ces dernières années, des restitutions à l'Algérie ont eu lieu :

– Archives antérieures à 1830, dites archives « ottomanes » restituées en plusieurs vagues en 1967, 1975, 1981 et 2001. Des derniers cartons ont été encore retrouvés lors d'un récolement effectué en 2018. Il est proposé de les restituer également et de terminer ainsi les restitutions de cet ensemble.

– Archives de gestion : travaux publics, travaux hydrauliques, rapatriées par erreur et donc restituées en 1981 et en 1985.

Il est proposé de transmettre aux Archives nationales algériennes l'ensemble des fonds déjà numérisés (voir en annexe la liste des fonds d'archives classés et numérisés).

Les archives de la guerre d'Algérie sont quasiment toutes librement communicables (le délai de cinquante ans couvrant la vie privée dans le Code du patrimoine est expiré) ; reste un très faible pourcentage d'archives encore soumises au délai de soixante-quinze ans (archives relatives à des affaires portées devant les juridictions), voire – très exceptionnel – au secret médical. Les demandes de dérogations pour la stricte période de la guerre d'Algérie deviennent donc très rares.

Le Code du patrimoine autorise une accessibilité de principe aux archives de plus de cinquante ans, assortie d'aménagements, notamment pour protéger un certain nombre de libertés individuelles. La communauté scientifique est naturellement très attachée à ces règles établies depuis 2008. En parallèle, pour pouvoir être communiqué sans déclencher une infraction réprimée par le Code pénal, un document portant une marque de classification « confidentiel défense » ou « secret défense » doit se voir apposer, feuille à feuille, une marque de déclassification, quelle que soit son ancienneté : des informations même anciennes peuvent encore avoir besoin d'être protégées. La question de l'accès des chercheurs aux archives sur la réglementation relative à la protection du secret (l'« instruction générale interministérielle n° 1300 ») n'est pas bien traitée. La pratique des services d'archives en matière de communication des documents protégés n'est homogène ni entre services ni dans le temps, même si le gouvernement a autorisé la déclassification des documents antérieurs à l'été 1954 par carton, et non feuille à feuille.

La combinaison de ces difficultés juridiques et de ces

pratiques administratives dissonantes entraîne des incompréhensions et des ressentiments, pour des chercheurs qui ont le sentiment de ne pas être écoutés. Il conviendrait donc de faciliter leur travail en étendant le procédé de déclassification « au carton » à toute la période de la guerre d'Algérie (1954-1962). Par ailleurs, plus fondamentalement, il conviendrait de résorber le hiatus entre les deux Codes, pénal et du patrimoine, qui expriment deux priorités, « la protection des intérêts supérieurs de la nation et la liberté d'accès aux documents publics ». Un comité d'historiens français et algériens pourrait également demander l'application stricte de la loi sur le patrimoine de 2008 en France. Concrètement, il s'agit de revenir dans les plus brefs délais à la pratique consistant en une déclassification des documents « secrets » déjà archivés antérieurs à 1970.

Les archives rapatriées à partir de 1961 en France et conservées aux Archives nationales d'outre-mer représentent aujourd'hui environ dix kilomètres linéaires. Un grand nombre d'archives sont restées en Algérie. Une estimation pourrait être menée en collaboration avec les archivistes algériens à partir des bordereaux de versement de fonds transférés, des rapports des directeurs des services d'archives en Algérie jusqu'à l'indépendance.

Ajoutons que si la France rétrocédait les archives – en originaux ou en copies – tenues en Algérie du temps de la colonisation, l'Algérie devrait elle aussi faciliter l'accès aux nombreuses archives – dites de gestion – restées sur place et qui sont non consultables. Ainsi, toutes les archives portuaires, médicales, universitaires, financières, départementales, municipales, plus celles de la justice, du notariat et du cadastre sont difficilement accessibles aux chercheurs français. Certes, l'état civil est resté en Algérie, mais la France a pu conserver des copies sous forme de microfilms d'environ 60 % des registres dupliqués sous cette forme par le ministère des Affaires étrangères dans les années 1970. Les Archives nationales d'outre-mer conservent les registres matricules des Français résidents en Algérie.

On voit dans ces conditions que le discours officiel, longtemps maintenu, sur le rapatriement en métropole des archives dites de « souveraineté », tout en laissant aux Algériens les archives dites de « gestion », ne correspond plus vraiment à la réalité. Pour l'historien algérien Fouad Soufi, « Où s'arrête la souveraineté et où commence la gestion ? On ne peut pas "gérer" sans avoir une relation avec la "souveraineté". Je fais partie de ceux qui disent : "On commence par reconnaître que ces archives sont nées en Algérie. Elles n'ont de sens que par rapport à l'Algérie. Elles ne peuvent que rester en Algérie." Et là il n'y a ni souveraineté ni gestion. Ensuite, ce qui me paraît le plus important, c'est de revenir au concept de "patrimoine commun" qui intéresse autant les Français que les Algériens. Dans ces conditions, les restitutions devraient être étudiées au cas par cas, par fonds, par séries et même par sous-séries. La plus belle leçon qu'on pourrait donner au monde, ce serait d'admettre que ces archives sont à la France et à l'Algérie. Bien sûr, cela contredirait le principe archivistique fondamental de "respect des fonds". Je pense personnellement que ce principe peut être dépassé par celui de "bien commun", de "bien culturel commun" que l'on peut partager. Il y a des fonds, de gestion comme de souveraineté, qui intéressent en priorité les Français, et d'autres qui intéressent en priorité les Algériens. L'ensemble de ces fonds constituent un bien ou un patrimoine commun. Il s'agit d'un héritage à partager entre héritiers[1]. »

---

1. Fouad Soufi, in *Le Monde*, « France-Algérie : Les archives coloniales relèvent d'un patrimoine commun », par Frédéric Bobin, 10 août 2020.

L'historien algérien Hosni Kitouni note aussi de son côté : « La question qui se pose à nous Algériens à laquelle on n'a jamais répondu de manière claire est : que voulons-nous récupérer ? Les six cents tonnes ? Ou une partie seulement de ces archives représentant un intérêt pour notre histoire ? Et quelles parties ? Les archives militaires, civiles, économiques, culturelles, celles des administrations locales, de la justice... ? Il faut donc que nous le disions clairement. En outre sous quelle forme ? Voulons-nous les originaux ou les copies et sur quel support ? Qui fait le tri ? Qui paie les charges induites ? C'est un travail considérable qui doit s'étaler sur des années et coûter très cher. Techniquement, je ne connais aucune proposition concrète sinon des vœux pieux. Vous voyez que la question est complexe. Pour nous montrer sérieux, il faut que nous fassions à la France des propositions techniques. Et que nous soyons fermes sur nos propositions[1]. »

Un accord de coopération datant du 6 mars 2009 a été signé entre les directeurs des Archives nationales, algériennes et françaises, visant à encourager la coopération et les échanges d'expériences en matière de formation (par exemple, les archivistes algériens participent régulièrement au stage technique international d'archives – STIA), ainsi que de conservation, numérisation, indexation... ; mais également les échanges de visites à encourager ; l'information mutuelle sur les documents détenus par chaque partie. À la suite de cela, un groupe de travail algéro-français a été constitué rassemblant les parties algériennes (notamment les directions des Archives nationales et du ministère de la Défense nationale côté algérien, et côté français,

1. Hosni Kitouni, in *Reporters*, « Il est important de revenir à l'histoire et d'interroger les événements », par Leïla Zaïmi, 6 juillet 2020.

notamment, le directeur des Archives de France et les directions des archives Armées et Affaires étrangères). Le groupe s'est réuni six fois de 2012 à 2016. Il ne s'est pas réuni depuis quatre ans. La réactivation de cette commission mixte sur les archives devra faire le point sur l'inventaire des archives emportées par la France, et celles laissées en Algérie. Sur la base de ce travail d'inventaire, certaines archives seraient récupérées par l'Algérie. Celles laissées en Algérie pourront être consultées par les chercheurs français et algériens. Le « comité de pilotage » sur les relations mémorielles pourrait proposer la constitution d'un premier fonds d'archives commun aux deux pays, librement accessible. Il devra également proposer des dispositions pour faciliter la circulation des chercheurs entre les deux pays.

La coopération universitaire pourrait, avant le règlement de la domiciliation des archives, trouver un moyen pour chacune des parties de montrer la volonté de transparence sur leur passé commun. Je propose que la France offre chaque année à dix chercheurs inscrits en thèse sur l'histoire de l'Algérie coloniale et la guerre d'indépendance dans un établissement universitaire algérien la possibilité d'effectuer des recherches dans les fonds d'archives en France. Le visa de chercheur à entrées multiples serait d'une durée de six mois, pouvant être prolongée de trois mois, ce qui correspond à une année universitaire. Le chercheur pourrait ainsi effectuer des allers-retours en fonction des besoins de sa recherche. Ce visa pourrait être renouvelable. Afin que ces recherches puissent être menées dans de bonnes conditions matérielles, un accord serait passé avec le Conseil national des œuvres universitaires pour mettre à disposition une chambre au sein d'une cité universitaire proche des lieux d'archive dans des modalités pratiques à approfondir. Enfin, ces étudiants pourraient bénéficier pendant leur séjour en France de la même bourse d'études que les étudiants français inscrits en thèse, ramenée au prorata de la durée de séjour.

En parallèle, des étudiants français, dans un nombre qui reste à discuter avec les autorités algériennes, devraient pouvoir bénéficier d'un visa à entrées multiples et d'un accès facilité aux archives algériennes concernant la même période.

Mais sur cette question des archives, il faut mentionner le fait que la principale association d'historiens contemporanéistes de France ou l'Association des archivistes français, ainsi que des historiennes, des historiens et des juristes ont déposé, auprès du Premier ministre, une demande d'abrogation de l'article 63 de l'instruction générale interministérielle n° 1300 (IGI 1300, déjà citée plus haut), sur la protection du secret de la défense nationale. La loi prévoit en effet que les documents dont la communication porte atteinte au secret de la défense nationale deviennent communicables de plein droit à l'expiration d'un délai de cinquante ans, sans qu'aucune autre condition particulière puisse être exigée. L'IGI 1300, dont l'application s'est considérablement durcie ces derniers mois au sein de l'État, entend subordonner la communication de ces documents à une procédure administrative dite de « déclassification ». La déclassification des documents (qui consiste à apposer un marquage réglementaire complété par des informations portées à la main sur chaque document) est une tâche titanesque car les services d'archives peuvent se trouver dépositaires de dizaines de milliers de documents couverts par le secret de la défense nationale. Cette situation, sous le prétexte abusif de la nécessité de protection du secret de la défense, a pour conséquence une complexification absurde et une restriction sans précédent de l'accès aux archives publiques de la période 1940-1970.

« Comment la France peut-elle examiner sereinement ces questions s'il est de fait impossible d'accéder aux archives classifiées secret de la défense nationale de plus de cinquante ans et donc librement communicables en vertu de la loi ? », s'interrogent un grand nombre d'historiens français. Un pas en avant a été fait depuis ces demandes : lors de deux réunions interministérielles en mars et juin 2020, l'autorisation a été donnée d'une consultation des archives sans démarquage pièce à pièce, mais au carton pour tous les dossiers antérieurs au 1er août 1954, veille du déclenchement de la guerre d'Algérie (1er novembre 1954). Mais pourquoi cette mesure de déclassification rapide ne peut-elle pas s'appliquer jusqu'à l'année 1962 ?

Le guide des disparus

Le Vent des Aurès est un film algérien réalisé par Mohammed Lakhdar-Hamina, sorti tout de suite après la fin de la guerre d'Algérie, en 1966. Le film compte parmi les classiques de la cinématographie algérienne. Dans un pays en guerre, dans la campagne des Aurès, une mère cherche désespérément son fils arrêté par l'armée française et incarcéré depuis plusieurs semaines dans un camp. C'est un « disparu ». Avec courage, elle défie les soldats français pour le trouver, allant d'un lieu à l'autre. Son obstination l'amène à trouver le camp dans lequel son fils est prisonnier, et à y revenir jour après jour, indifférente aux menaces et aux intimidations des soldats. Ce film, où il est question de la disparition et de la recherche d'un fils, a marqué profondément des générations d'Algériens.

Dans son livre *L'Agonie d'Oran*, publié dès la fin de la guerre d'Algérie dans les années 1960, Geneviève de Ternant tente d'attirer l'attention des pouvoirs publics en

France sur la disparition de centaines d'Européens enlevés et disparus à Oran le 5 juillet 1962[1].

Au début des années 1990, dans mon documentaire *Les Années algériennes*, réalisé par Bernard Favre, Paul Teitgen livre un entretien émouvant en évoquant les 3 000 disparus algériens de la « bataille d'Alger ». Paul Teitgen était le secrétaire général de la police d'Alger à ce moment.

La question des « disparus » n'a cessé de hanter les mémoires blessées de la guerre d'Algérie. Comment accomplir un travail de deuil en l'absence du corps de celui qui a disparu ? Pour que le détachement de la période traumatique de la guerre puisse s'amorcer, rendant finalement possibles de nouveaux investissements (affectifs, sociaux, familiaux), les avancées vers cette question sont nécessaires.

La réalité de ces disparitions et du système répressif à l'œuvre en Algérie entre 1954 et 1962 est connue depuis longtemps grâce aux travaux des historiens. Le tout premier d'entre eux à avoir accompli un travail de documentation et d'analyse est Pierre Vidal-Naquet. D'autres travaux, comme ceux de Sylvie Thénault, de Raphaëlle Branche ou de Tramor Quemeneur ont traité de l'action de l'armée, de la justice et de la gestion politique de la guerre.

Sur la question des disparus, les choses se sont accélérées. Depuis la déclaration du président de la République du 13 septembre 2018, plusieurs actions ont été menées. Une première dérogation générale a été formulée pour les différents dossiers relatifs à Maurice Audin, non encore librement communicables[2].

---

1. Voir également *L'Agonie d'Oran* en deux volumes : t. I par Claude Martin, et le t. II par Geneviève de Ternant, janvier 1996.
2. https://francearchives.fr/fr/article/171593970

Une seconde dérogation générale permet l'ouverture à la communication d'un deuxième ensemble, plus large, de sources relatives aux disparus de la guerre d'Algérie. Cet arrêté porte en effet sur des dossiers produits par la Commission de sauvegarde des droits et libertés individuels, conservés aux Archives nationales, qui n'étaient pas encore librement communicables au regard du Code du patrimoine. Établie par décret du 7 mai 1957 auprès de la présidence du Conseil, la Commission de sauvegarde des droits et libertés individuels, qui fonctionna jusqu'au 1er février 1963, avait pour mission de faire la lumière sur les tortures, les disparitions et les exactions diverses reprochées à la France lors du conflit. Ses archives constituent donc une source essentielle pour documenter, dans la mesure où les archives officielles le permettent, les disparitions survenues durant la guerre d'Algérie. Environ 11 % des quelque 2 300 dossiers individuels qu'elle constitua concernent des disparus. La majorité d'entre eux étaient déjà librement communicables ; d'autres le sont désormais par ce nouvel arrêté de dérogation générale. Tous les documents couverts par le secret de la défense nationale qui se trouvaient dans les dossiers ouverts par dérogation générale ont préalablement fait l'objet d'une déclassification[1]. Un travail est également en cours s'agissant des dossiers des Européens disparus en Algérie en 1962, qui sont conservés par la direction des Archives diplomatiques (déclassifications notamment).

Un guide a été élaboré qui offre pour la première fois un panorama d'ensemble sur les archives relatives aux disparus de la guerre d'Algérie, quel que soit le lieu en France où elles sont conservées. Ce guide a été conçu pour être accessible à tous, chercheur ou non,

1. https://francearchives.fr/fr/actualite/229260951

avec des mises en garde méthodologiques quant aux difficultés de la recherche inhérentes à ce type d'archives. Ce guide est le fruit d'une étroite collaboration interministérielle : piloté par le service interministériel des Archives de France (SIAF), il a été corédigé avec les Archives nationales, les Archives nationales d'outre-mer, les Archives de Paris et la préfecture de police de Paris ainsi qu'avec le ministère des Armées (direction des Patrimoines, de la Mémoire et des Archives, et service historique de la Défense) et le ministère de l'Europe et des Affaires étrangères (Archives diplomatiques). Il présente les fonds par grandes catégories de disparus, et a été traduit en anglais et en arabe[1].

Ce guide peut être complété, enrichi par les chercheurs français travaillant conjointement avec les historiens algériens. Mais il faut savoir que la plupart des archives sont des documents produits à l'époque des faits par les services de l'État concernés par les disparitions, comme l'armée ou la justice. La vérité sur les disparitions, enlèvements, exactions n'a pas été établie par écrit à l'époque. Rares sont les archives permettant de connaître le sort des disparus. On y trouve principalement les traces de ces enquêtes inabouties. Les réponses, souvent négatives, faites par l'armée aux familles demandant des nouvelles des leurs.

Encore une fois, la vérité ne sort pas automatiquement des archives. Néanmoins, leur communication est un enjeu central dans une démocratie et le travail de communication des archives concernant les disparus de la guerre d'Algérie doit être poursuivi, notamment par le recours aux témoignages, la fabrication d'archives orales.

1. https://francearchives.fr/article/166418920/#/

La mémoire, par la force des images

Avec la source écrite et les témoignages oraux, les images apparaissent comme une source nouvelle pour comprendre, écrire l'histoire contemporaine. Et particulièrement le cinéma, qui laisse son empreinte dans la longue durée mémorielle. Le cinéma n'est pas simple reflet, miroir de sociétés, mais aussi un formidable catalyseur de mémoire. Il introduit également une forme de support essentiel pour l'observation des traces historiques. Certes, la littérature compte pour beaucoup dans les fabrications d'imaginaires. Mais l'image cinématographique et, dans une moindre mesure, télévisuelle, dispose d'une « puissance de feu » impressionnante. Et ouvre sur la circulation des souvenirs enfouis. À propos de son film *Des hommes* (dont la sortie a été repoussée en raison de la pandémie), adapté du beau roman de Laurent Mauvignier, le réalisateur Lucas Belvaux explique : « Lorsque j'ai commencé le casting du film, j'ai rencontré beaucoup de jeunes acteurs de vingt ans et, à chaque fois ou presque, ils me parlaient d'un membre de leur famille, un grand-père, un grand-oncle, qui avait fait la guerre d'Algérie. Ils apportaient des souvenirs familiaux de cette période, des photos, des carnets, des objets parfois, par exemple un couteau ramassé sur le corps d'un fellagha. Mais tous me faisaient la même remarque : "Il ne racontait rien, on a reconstitué son histoire après sa mort." [...] La fiction permet de mélanger l'Histoire collective et les histoires individuelles. Raconter les histoires individuelles, même si elles sont fictives, permet de multiplier les points de vue sur l'Histoire. Parce que la fiction a besoin de confrontations, de regards opposés, de dialectique pour intéresser et cette multiplication des points de vue permet au spectateur (ou au lecteur) d'élargir son horizon, de se faire sa propre idée. L'autre grand intérêt de la fiction, c'est de pouvoir raconter l'intime, l'explorer, fouiller la matière sombre, enfouie de chaque individu et qui, parfois, permet de comprendre l'inexplicable. »

La guerre d'Algérie annonce les conflits modernes : des guerres sans front et sans nom, des guerres invisibles auxquelles seuls les écrivains et les cinéastes peuvent donner corps et âmes. La guerre d'Algérie c'est le transistor, la radio. Alors que la guerre du Vietnam marque l'apparition de l'image de télévision. Les imaginaires de guerre vont se construire sur l'Algérie autour du bruit et du son, *donc sur du non-visible et du non-représentable.* Alors que la guerre du Vietnam renvoie à un imaginaire d'images fortes, accentuées, redoublées par le cinéma américain.

C'est pourquoi, en partie, la guerre d'Algérie a longtemps été perçue comme une guerre sans images, sans visages. Pourtant, dès les années 1960-1970, le cinéma français, contrairement à ce qu'on a souvent écrit, montrera les traumatismes qu'elle a causés sur les soldats dans *Muriel ou le Temps d'un retour* d'Alain Resnais, censuré puis diffusé en 1963 ; la dénonciation de la guerre dans *R.A.S.* d'Yves Boisset qui sort en 1973 ; le trouble de la société confrontée à la question de la torture avec l'adaptation en 1976 par Laurent Heynemann de *La Question* d'Henri Alleg ; la solitude de ceux qui en France refusaient la guerre dans *Liberté, la nuit* de Philippe Garrel en 1983. Et le film de Pierre Schoendoerffer, *L'Honneur d'un capitaine*, en 1982, a montré le drame de conscience des officiers français. Autour de la trame classique du basculement individuel vers la prise de conscience telle celle du *Petit Soldat* de Jean-Luc Godard, existe également le sentiment d'exclusion, de solitude absolue qui étreint les personnages principaux de presque tous ces films et avec eux, sans doute, bien des spectateurs d'aujourd'hui.

Dans les années 1990-2000, la multiplication des films de fiction, de documentaires ou d'expositions de photographies[1] a fait reculer la sensation d'absence d'images. Ainsi, avec *L'Autre Côté de la mer*, présenté au Festival de Cannes en 1997, Dominique Cabrera montre dans un film sensible des déplacements, des souvenirs qui surgissent dans l'actualité. Georges Montero (joué par Claude Brasseur), qui est resté en Algérie après 1962, propriétaire d'une conserverie d'olives à Oran, doit séjourner à Paris, pour se faire opérer de la cataracte. C'est là, à sa descente d'avion, que le film commence. Il se fait soigner par un jeune médecin « beur », Tarek (Roschdy Zem). Rencontre de deux regards qui vont être obligés de s'accepter. Dans cette inversion d'identité, ce trouble où le spectateur se demande qui est vraiment « l'Algérien », remontent les souvenirs des séparations induites par la guerre d'Algérie. Une réalité que l'un comme l'autre avaient jusque-là occultée. Georges voulait croire qu'il pouvait être chez lui dans l'Algérie d'aujourd'hui ; Tarek retrouve des origines que l'assimilation à la société française lui avait fait oublier. *Sous les pieds des femmes*, le film de Rachida Krim, tourné en 1997, lie les « événements » de 1958 avec ceux de 1996, les fait se déplacer, circuler d'un point à l'autre de la mémoire. Indépendance de l'Algérie, et indépendance acquise par une femme algérienne, Aya (interprétée par Claudia Cardinale, très émouvante), les deux mouvements progressent ensemble, de manière douloureuse,

1. À propos des films, en 2005, *La Trahison* de Philippe Faucon et *Nuit noire, 17 octobre 1961* d'Alain Tasma ; en 2006, *Mon colonel* de Laurent Herbiet ; pour les documentaires, *L'Ennemi intime* de Patrick Rotman en 2002, et *La Bataille d'Alger* d'Yves Boisset en 2006 ; pour les expositions, *Photographier la guerre d'Algérie*, hôtel de Sully, catalogue, sous la direction de Laurent Gervereau et Benjamin Stora, Paris, Marval, 2006.

chaotique. Alexandre Arcady qui avait réalisé en 1979 *Le Coup de sirocco*, un des premiers films consacrés à l'exil des pieds-noirs, revient vers l'Algérie de la « seconde guerre », avec *Là-bas... mon pays*. Comme fasciné par le « mystère » de cet arrachement sans retour de l'été 1962, son film sorti en salles en avril 2000 nous confronte lui aussi à l'angoissante question d'une cruelle violence secouant l'Algérie à plusieurs années de distance.

Autour de cette séquence particulière, la guerre d'Algérie, qui a bousculé fortement l'histoire de la France contemporaine, les images apparaissent désormais avec une grande force d'évocation, de restitution, de mémoire. Leur impact ne réside pas seulement dans la description de cette histoire, mais aussi dans la capacité à suggérer et à symboliser. Et dans cette émergence de représentations, la guerre d'Algérie, sur les écrans ou dans les catalogues de photos, s'installe progressivement dans les esprits. À travers plusieurs documentaires[1], j'ai recherché par l'image cette trace du passé dans le présent. Mais comme la mémoire, l'image n'est qu'un point de vue, un cadre, un fragment (un mensonge pour celui qui cède à l'obnubilation de l'objectivité de l'image). En même temps, elle a une valeur irremplaçable, en permettant l'émergence d'une mémoire ouverte, échappant aux récits historiques construits et convenus, que ce soit ceux de l'État français ou ceux de l'État algérien. La réalisation du film *Les Années algériennes*, en 1990, a été une étonnante expérience d'implication objective, avec ce ton extrêmement

1. *Les Années algériennes* en 1991, puis, avec Jean-Michel Meurice, *Algérie, années de cendres* en 1995, puis *Algérie, Été 1962, l'Indépendance aux deux visages* en 2002 et *Conversations avec les hommes de la révolution algérienne* en 2003, et *Algérie, notre histoire*, diffusé en 2012 sur Arte.

particulier de l'enquête, à la lisière floue entre le documentaire purement journalistique, l'analyse historique et le carnet intime. Il y avait là une opportunité d'utiliser de façon critique les outils de la modernité sans tomber dans leur fascination, dans le leurre partagé de l'objectivité de l'image (celle-ci a des pouvoirs d'expressivité qui font défaut au texte, sans pour autant le suppléer).

Pourtant, l'aventure coloniale dans les origines de la conquête, dans ses injustices et son fonctionnement inégalitaire, n'a pas vraiment hanté le cinéma français. Quelques films de télévision (comme *Les Chevaux du soleil*, adaptation du livre de Jules Roy), ou au cinéma comme *Fort Saganne* (adaptation du roman de Louis Gardel) se sont approchés de la séquence des origines. Mais la figure de l'ancien colonisé est rarement présente : ils sont presque comme des « étrangers » sur leur sol natal. Les volontés de décolonisation apparaissent comme une série de séquences elliptiques et désaccordées, ne livrant que rarement la généalogie des injustices permettant de situer les explosions de violence. Et l'engloutissement brutal de cette séquence de l'origine de la colonisation devient alors incompréhensible. L'aventure coloniale et l'anticolonialisme (y compris français) forment ainsi un vaste territoire d'images, forcément hétérogène.

Une réconciliation mémorielle entre la France et l'Algérie passe par une circulation des images, des représentations réciproques, des découvertes mutuelles. Des productions communes peuvent être mises en œuvre et pourquoi pas autour de la grande figure de l'émir Abd el-Kader, guerrier s'opposant à la présence française ; savant musulman, poète et philosophe ; érudit, s'imprégnant de rationalité française ?

En attendant, d'autres initiatives peuvent être encouragées, comme celle engagée par Rachid Arhab, Pascal

Josèphe et Guillaume Pfister. De l'idée lancée en 2017 de création d'un « Arte franco-algérien », le projet s'est transformé aujourd'hui en une réalité effective audiovisuelle diffusée sur Facebook et Instagram d'avril à juin 2020. Avec des résultats particulièrement concluants : une cinquantaine d'artistes et acteurs de la société civile française et algérienne ont été vus pour une trentaine de vidéos produites et diffusées, avec plus de 4,5 millions de vues dont 200 000 vues dès les premières 48 heures grâce à un très fort taux d'engagement des publics visés. Le but était de faire dialoguer des artistes, des intellectuels, aussi bien que des acteurs de la société civile et des citoyens algériens, français ou binationaux. L'objectif est déjà de produire du contenu au quotidien mais aussi des documentaires ambitieux sur les questions mémorielles avec en perspective les soixante ans de l'indépendance algérienne.

L'outil audiovisuel est un instrument décisif pour la préservation des mémoires et le passage à l'histoire, pour des tentatives de rapprochement entre la France et l'Algérie.

La question des excuses. Un détour par l'Asie

On sait que depuis plusieurs années les autorités algériennes réclament des « excuses » à propos de la période de la colonisation. Dans la lignée des discours présidentiels français précédents, ce geste symbolique peut être accompli par un nouveau discours. Mais est-ce que cela sera suffisant ? N'est-il pas nécessaire d'emprunter d'autres chemins, de mettre en œuvre une *autre méthode* pour parvenir à la « réconciliation des mémoires » ?

Le retour de mémoires souvent antagonistes autour de la question coloniale et de l'esclavage a braqué à nouveau le projecteur sur un pan de l'histoire nationale française longtemps négligé. Cela ne peut que réjouir les historiens du fait colonial qui, généralement dans l'ombre, n'ont pourtant cessé de travailler ces questions depuis des décennies. Spécialistes de la « première » (XVIe-XVIIIe siècles) ou de la « seconde » colonisation (XIXe-XXe siècles), historiens de l'Algérie, des Antilles, de l'Afrique ou de l'Indochine, ils ont réussi à accumuler une somme de connaissances approfondies sur le système colonial français et sur l'émergence de sociétés « impériales » (incluant colonisés et colonisateurs), sur la diversité des populations dominées et sur leurs réponses à la présence européenne. Ils ont également contribué à mettre en évidence la complexité d'un phénomène historique protéiforme et ambivalent. Émerge ainsi lentement, au centre de ce récit, l'immense continent d'histoire de l'Algérie, au milieu d'un océan de paroles, d'archives, de problèmes.

La guerre d'Algérie, livrée entre 1954 et 1962, a longtemps attendu d'être reconnue et *nommée* sur la scène de la mémoire française. Le passage à l'histoire a pu s'opérer grâce à l'ouverture des nouvelles archives, en particulier étatiques, à l'émergence d'une nouvelle génération de chercheurs, et par le besoin de témoigner, au soir d'une vie, d'un grand nombre d'acteurs engagés dans le conflit.

Cependant, force est de constater que ces savoirs historiens se sont finalement peu ou mal diffusés hors des cénacles de spécialistes : le cloisonnement des domaines de compétence ainsi que la faiblesse générale de la demande sociale sur les questions coloniales ont durablement marginalisé les recherches en histoire de la colonisation. Ajoutons une dimension essentielle que l'historien Pierre Nora, dans un entretien récent, en août 2020, pour annoncer la fin de la revue *Le Débat*, mentionne : « L'histoire n'était plus une discipline pivot. Ce n'est pas seulement une déshistorisation, mais une défaite de la conscience. Les jeunes sont aujourd'hui accablés par le poids de l'Histoire, qu'ils esquivent. Je crains que le temps ne soit pas éloigné où les historiens n'écriront plus que pour les historiens. »

Écrire seulement pour les historiens... Cette difficulté à toucher le grand public, concernant la colonisation, peut-elle s'amenuiser par les « grands » discours politiques des chefs d'État qui ont chacun, à leur manière, condamné le fait colonial ? Et dans quelle mesure peut-on légiférer sur la mémoire, le pardon, la réconciliation ? Faut-il défendre un droit à l'oubli ? Mais qu'en est-il alors d'un droit à la mémoire ? Ces questions nouvelles ont surgi dans de nombreux pays autant qu'en France.

L'Afrique du Sud, avec l'exigence de justice au sortir du régime d'apartheid, en 1990, a donné une sorte de « coup d'envoi » mémoriel sur le plan mondial. Dans la foulée, se sont amplifiées des luttes mémorielles en Amérique du Sud, au Chili et en Argentine en particulier. Ce furent, par exemple, les exigences formulées par les mères – aujourd'hui grands-mères – de la place de Mai, et leur mise en accusation de la junte militaire en Argentine. Par ailleurs, à la suite de l'effondrement du bloc communiste stalinien à l'Est, l'émergence de demandes mémorielles en Russie, en Pologne, en Allemagne de l'Est (avec l'ouverture des archives de la Stasi) est devenue de plus en plus forte ; en France, l'histoire du communisme stalinien a aussi fait débat et a marqué les deux dernières décennies. En Espagne, les batailles de mémoires autour du bilan de la guerre civile ne cessent de se développer. Le Japon est, lui aussi, touché par une série de conflits autour des questions mémorielles. La lutte complexe et multiforme contre l'oubli se voit bien dans les batailles de mémoires autour du sanctuaire de Yasukuni au Japon, qui rend hommage aux « martyrs » militaires japonais, considérés par la communauté internationale comme des criminels de guerre, tombés au combat. Cet espace mémoriel est devenu une référence centrale, quasi religieuse, de glorification de la fierté nationale, suscitant des réactions outragées de nombreux Japonais et des opinions publiques dans toute l'Asie du Sud-Est, en Chine ou en Corée.

Et l'on voit alors que le discours « d'excuses » et pas seulement de reconnaissance des massacres ne suffit pas à calmer les mémoires blessées, à faire progresser le savoir sur cette question, à faire reculer les stéréotypes, le racisme. Car si l'on fait un détour par l'Asie sur les relations entre le Japon, la Chine et la Corée au XXe siècle, on sait que des excuses ont été pourtant prononcées...

Suite à la victoire japonaise contre la Russie en 1905, l'Empire coréen est placé sous protectorat japonais puis le pays est finalement annexé en 1910 et la monarchie déposée, avec l'accord tacite des grandes puissances occidentales. Dans les faits, la Corée est colonisée par le Japon, mais les nationalistes coréens ne reconnaîtront jamais cet état de fait. Pour eux, la Corée a été occupée illégalement par le Japon. En 1945, la défaite japonaise met un terme à la colonisation. En 1965, suite aux pressions américaines, les négociations s'accélèrent entre Séoul et Tokyo, les relations diplomatiques sont rétablies (il n'y en avait plus depuis 1945...) et le Japon reconnaît le gouvernement de la République de Corée (Corée du Sud) comme le seul gouvernement légitime dans la péninsule. En échange, la Corée s'engage à ne plus exiger d'indemnités au titre de la colonisation. Le contentieux subsistera néanmoins, notamment sur la lecture du passé et secondairement sur la souveraineté sur quelques îles.

À l'égard de Pékin, suite au voyage de Nixon en Chine en 1971, les Japonais reconnaissent le gouvernement communiste en 1972, et expriment leurs excuses pour le passé colonial du Japon. Mais, également avec la Chine, le contentieux de fond subsiste sur cette question. Par la suite, même l'empereur Akihito exprimera ses regrets.

Toutefois, les lobbies nationalistes qui sont extrêmement puissants au sein de l'appareil d'État japonais font pression pour que ces excuses et ces regrets ne soient jamais validés dans les faits. Avec, par exemple, les visites fréquentes des Premiers ministres de droite au sanctuaire Yasukuni à Tokyo où sont vénérées les « âmes des soldats » tombés au combat pendant les guerres japonaises, y compris les dirigeants et militaires exécutés par les Américains au terme du procès de Tokyo en 1948.

La responsabilité de l'État japonais n'est pas remise en cause par les excuses officielles. Le Japon ne considère pas avoir une responsabilité juridique, par exemple dans le cas des « femmes de réconfort[1] », car les coupables étaient des « cocontractants privés de l'armée ». Cela empêche les « femmes de réconfort » de demander une réparation financière. L'État japonais estime également que l'affaire est prescrite.

En conséquence, les excuses japonaises paraissent hypocrites aux yeux de l'opinion publique en Corée et en Chine, pays qui s'enflamment toujours contre les « revanchards » japonais. Il est clair que la « politique des excuses » et même des indemnités financières ne calment en rien le ressentiment chinois ou coréen contre le Japon. Les historiens japonais ont beau soulever les questions qui

1. Les « femmes de réconfort » : ce terme est l'euphémisme utilisé par les Japonais pour désigner celles que l'on appelle également de façon plus pertinente « esclaves sexuelles de l'armée japonaise ». Ces femmes – ou plutôt, ces filles : elles avaient entre 14 et 18 ans – ont été recrutées de force, kidnappées ou attirées par une fausse promesse de travail, dans des sortes de bordels militaires de campagne de l'armée japonaise.

fâchent – travail de Yoshimi Yoshiaki sur les femmes de réconfort, celui de Kasahara Tokushi sur le massacre de Nankin (à paraître prochainement en français), tous les deux publiés dans les années 1990 –, les autorités japonaises restent amnésiques, en arguant du fait qu'elles ont déjà présenté des excuses, et que ce passé est « clos ». Au Japon, certains cercles culturels et politiques continuent de nier les massacres (comme celui de Nankin en 1937 perpétrés par les Japonais contre la population chinoise), et les exactions commises au temps colonial. « Pour faire passer un passé qui ne passe pas, note l'historien Pierre-François Souyri, il faudrait que le gouvernement japonais accomplisse un travail sérieux de remise en question de sa politique avant 1945 et qu'il la laisse s'exprimer notamment dans les manuels scolaires, en cessant de cautionner les tentatives de valorisation du fait colonial[1]. »

Dans le quotidien *Le Soir d'Algérie*, j'ai évoqué cette question des excuses de la manière suivante : « Plusieurs présidents français ont déjà condamné les massacres commis pendant la colonisation. Et de très nombreux travaux de chercheurs en France ont bien documenté cette séquence d'histoire, avec une grande publication d'ouvrages. Je ne sais pas si un nouveau discours d'excuses officielles suffira à apaiser les mémoires blessées, à combler le fossé mémoriel qui existe entre les deux pays. À mes yeux, il importe surtout de poursuivre la connaissance de ce que fut le système colonial, sa réalité quotidienne et ses visées idéologiques, les résistances algériennes et françaises

1. L'historien spécialiste de l'histoire du Japon Pierre-François Souyri a reçu en 2014 le prix littéraire de l'Asie pour son ouvrage : *Samouraï, 1 000 ans d'histoire du Japon*. Il est également lauréat 2017 du prix du Sénat du livre d'histoire et du prix Guizot pour son livre *Moderne sans être occidental. Aux origines du Japon d'aujourd'hui*.

à ce système de domination. C'est un travail de longue haleine que nous devons mener ensemble des deux côtés de la Méditerranée. Par les images et par les écrits, par des conférences et des échanges universitaires, pour transmettre aux jeunes générations, qui ne l'ont pas connue, la réalité de cette période. Pour éviter la répétition du passé[1]. »

Autres sujets. Autres défis

D'autres questions brûlantes sont encore à aborder, relevant de ce passé colonial commun. J'en retiendrai trois.

– D'abord, celle des essais nucléaires. La France en a réalisé dix-sept au Sahara entre 1960 et 1966. Quatre d'entre eux étaient des essais atmosphériques, effectués à proximité de Reggane, et treize des essais en galerie, dans le massif du Hoggar, non loin d'In Ekker. Conformément aux accords d'Évian, les sites ont été rendus aux autorités algériennes en 1967 après le démontage des installations techniques et l'obturation des galeries. De nombreux matériels militaires (véhicules, armements, avions...) exposés volontairement aux effets des expérimentations aériennes et positionnés pour cela à différentes distances du « point zéro » ont toutefois été laissés sur place ou enterrés. C'est ce que rappelle l'étude « Sous le sable la radioactivité ! », publiée par la Fondation Heinrich-Böll le 29 août 2020, à l'occasion de la Journée internationale contre les essais nucléaires. Cette étude réalisée par l'Observatoire des armements et ICAN France (International Campaign to Abolish Nuclear Weapons) dresse

1. Entretien réalisé par Naoufel Brahimi El Mili, publié par *Le Soir d'Algérie* le 10 août 2020.

ainsi un inventaire de ce qui a été laissé par la France et enfoui sous le sable, « du simple tournevis contaminé par la radioactivité, aux avions et chars ». Les auteurs estiment que la présence de ces déchets engendre des risques sanitaires importants pour les populations locales, les générations futures tout comme pour l'environnement. Près de soixante ans après le conflit, différentes associations demandent à la France de « remettre aux autorités algériennes la liste complète des emplacements où sont enfouis des déchets contaminés » et d'agir pour faciliter le nettoyage des sites concernés. En 2007, le ministère français de la Défense avait de son côté rendu public un dossier de présentation rappelant les modalités de réalisation des essais, les mesures prises à l'époque pour assurer la protection des personnes impliquées et des populations environnantes, les incidents survenus lors de quatre expérimentations souterraines, ainsi que les conclusions de la mission d'évaluation demandée en 1999 par l'Algérie à l'Agence internationale de l'énergie atomique (AIEA) sur l'état radiologique des anciens sites d'essais. Toujours en 2007, un comité conjoint avait été mis en place suite à une visite du président français d'alors, Nicolas Sarkozy. Si aucun rapport n'a été publié depuis lors, il semble toutefois que les échanges entre la France et l'Algérie se soient poursuivis pour qu'un accord franco-algérien soit trouvé sur une remédiation des anciens sites d'essais.

– Se pose aussi la question des cimetières européens et juifs d'Algérie. C'est une question essentielle pour toutes les familles attachées au souvenir de leurs proches. Les cimetières constituent un patrimoine commun à l'histoire de l'Algérie et à celle de la France. Ils doivent aujourd'hui être préservés au nom du devoir de mémoire et au titre du respect dû aux morts. Un arrêté du ministre des Affaires étrangères du 7 décembre 2004 a désigné les cimetières dégradés qui sont concernés par un regroupement des sépultures, et les sites de regroupements (aux cimetières de chef-lieu de wilayas). Ce projet n'est pas appliqué. Sur la question des cimetières, l'aspect mémoriel de préservation du patrimoine franco-algérien doit être pris en compte. Concernant par exemple le site du cimetière Bologhine (ex-Saint-Eugène), construit en terrasses sur la colline au pied de Notre-Dame-d'Afrique, il regorge de grandes personnalités qui ont contribué au rayonnement culturel et artistique d'Alger et qui ont aussi joué un rôle dans la préservation d'un patrimoine. On y trouve ainsi les tombes de grands noms de la musique arabo-andalouse comme le Maâlem Mouzino (1865-1928), musicien de çanâa formé à Alger par Cheikh Mohamed Sfindja, Laho Seror (1860-1940), compositeur et fameux joueur de kouitra, et surtout le grand parmi les grands Edmond Nathan Yafil (1874-1928). Pour Agnès Aziza qui anime un projet de réhabilitation de ce lieu, « il y aurait matière à organiser des visites guidées, à créer des parcours culturels en lien avec le musée d'Alger, celui des Antiquités, la grande bibliothèque, l'Institut national supérieur de musique… [Elle] rêve depuis des années de voir les Algérois s'approprier ce lieu car il enseigne l'histoire de leur ville. On y a retrouvé des tombes datant de l'Empire romain et dans le mausolée des rabbanim du cimetière israélite est inhumé le grand rabbin Shimon ben Tsemah Duran (1361-1444), contemporain du saint patron d'Alger, le savant Sidi Abderrahman, dont certains chercheurs pensent qu'ils étaient en relation. Dans le cimetière chrétien, c'est la Régence turque qui se lit à travers le carré des Consuls où sont inhumés les représentants des différentes nations présentes à Alger à cette époque[1] ».

1. Entretien de l'auteur avec Agnès Aziza.

– Autre domaine à explorer, les rééditions, les traductions d'ouvrages. La thèse volumineuse du professeur Charles-Robert Ageron (*Les Algériens musulmans et la France*, quatre volumes, 1980) a été traduite en arabe récemment par l'Institut d'études de l'histoire de la révolution du 1er novembre 1954. Cet hommage posthume et mérité à l'érudition de ce grand historien de l'Algérie contemporaine est un « signe des temps », car ce centre rattaché au ministère des Moudjahidine n'avait pas fait preuve d'ouverture à l'égard des historiens français. L'historien algérien Sadek Sellam, autre signe des temps nouveaux, me signale la réédition à Alger de l'ouvrage *Vers la paix en Algérie*, minutes des négociations d'« Évian I », à Lugrin, aux Rousses, et « Évian II », textes et documents rassemblés par l'historien français Maurice Vaïsse. Cet ouvrage a été traduit en arabe, et l'Institut d'El Biar en a acheté une importante quantité. Un autre « classique » de la guerre d'Algérie vient également d'être édité en Algérie : *Le Dernier Quart d'heure*, du journaliste Albert-Paul Lentin, natif de Constantine, et qui a suivi toute cette séquence de la guerre, à la fois du côté algérien et du côté français. On pourrait ainsi multiplier les exemples de traductions, de circulation d'une rive à l'autre de livres, qui portent à la connaissance d'un public toujours soucieux de savoir d'autres regards, d'autres points de vue... Le livre qui circule montre ainsi qu'il est nécessaire de passer par le processus créateur de l'écriture à la fois historique ou poétique, littéraire, ou par l'essai non académique. Ainsi peut se dévoiler le travail de théorisation, de passage à l'histoire, lié à une pratique de dévoilement des enjeux personnels, ouvrant sur une histoire non prise en compte par l'activité des États, ou dans le discours social[1].

1. Sur cet aspect, voir l'ouvrage de Simone Molina, *Archives incandescentes. Écrire, entre la psychanalyse, l'Histoire et le politique*, Paris, L'Harmattan, 2011.

D'autre part, en Algérie, une collaboration a été envisagée par l'Agence française de développement avec l'INA auprès de la cinémathèque algérienne pour la sauvegarde par la numérisation des archives nationales et la formation des équipes locales pour une préservation efficace et outillée de ces supports patrimoniaux. Il s'agit d'un point d'application potentiel (en attente d'un retour de la partie algérienne), mais d'autres pourraient être envisagés par exemple en matière de coopération audiovisuelle, ou de rénovation du patrimoine bâti, des échanges existant déjà sur ce dernier sujet avec la wilaya d'Alger.

Au moment où la rédaction de ce rapport touchait à sa fin, des attentats meurtriers ont frappé la France, la décapitation du professeur d'histoire Samuel Paty, et l'assassinat à Nice de trois fidèles dans une église, victimes du terrorisme islamiste. Ces actes meurtriers interrogent sur le rapport entre la religion musulmane et l'instrumentalisation de cette religion à des fins politiques, en contradiction avec les principes énoncés par l'islam, et maintes fois répétés par des responsables, comme « Celui qui tue un homme accomplit un acte contre toute l'humanité ». Mais d'autres considérations doivent être prises en compte, en particulier le rapport entre le travail d'éducation et le surgissement de la violence. À l'heure de la compétition victimaire et de la reconstruction de récits fantasmés, on verra que la liberté d'esprit et le travail historique sont des contre-feux nécessaires aux incendies de mémoires enflammées, surtout dans la jeunesse. Il faut montrer, dire d'autres choses à propos de la colonisation et de la guerre d'Algérie. Les récits de cette longue période sont pleins d'images et d'histoires fantasmées, où réalités et imaginaires deviennent indécidables, et d'images manquantes, où ce qu'on sait et ce qu'on ne sait pas tendent à se confondre. Ainsi, le récit d'une histoire présentant l'histoire de la France coloniale comme une sorte de bloc homogène, dans l'acceptation et le consentement de tous les Français pour cette entreprise, est une production qui ne résiste pas à une appréhension correcte du réel. De Louise Michel à Jean Jaurès ; d'André Breton à François Mauriac ; d'Edgar Morin à Émilie Busquant, la femme de Messali Hadj ; ou de Pierre Vidal-Naquet à Gisèle Halimi, les noms et les trajectoires de ceux qui ont refusé le système colonial doivent être portés à la connaissance des jeunes générations, pour que l'on sorte des mémoires séparées, communautarisées. Dans ce mouvement, il faudra également évoquer le fait que c'est à Paris que l'enseignant et futur sénateur Alioune Diop a créé en 1947 la revue *Présence africaine*, et la maison d'édition associée, pour combattre le racisme et le colonialisme. C'est à Paris également qu'a eu lieu en 1956, en pleine guerre d'Algérie, le premier Congrès des écrivains et artistes africains où était présent Frantz Fanon, combattant infatigable de la cause pour l'indépendance algérienne. Ses organisateurs qualifient ce congrès de « Bandung culturel », en référence à la grande conférence afro-asiatique qui en avril 1955 avait condamné le colonialisme et l'impérialisme.

Ce travail d'investigation historique peut être mené par l'Éducation nationale, des livres scolaires ou des films de fiction. Il faudrait pour cela former en grand nombre des professeurs d'histoire, précisément sur l'histoire de la colonisation, et multiplier le nombre de postes d'enseignants à l'université française. Il n'est pas normal qu'une poignée seulement d'universitaires enseignent l'histoire du Maghreb contemporain, alors qu'une grande partie des enfants de l'immigration sont originaires, précisément, du

Maghreb[1]. En attendant un récit commun, franco-algérien, acceptable par tous. Sur ce sujet difficile de la transmission de cette mémoire, le grand avocat Jean-Jacques de Felice (1928-2008) écrivait, dans un texte adressé à l'association Action civique non violente, pour un livre de témoignages, *Ceux qui avaient refusé la guerre en Algérie*[2] : « Vous n'avez rien demandé, ni reconnaissance du peuple algérien, ni approbation de quiconque, pas même des pacifistes, car vous étiez et vous restez modestes, vous faisiez ce que vous dictait votre conscience, et vos refus étaient multiples, variés, personnels ; ils étaient riches de leur diversité. [...] Vous avez eu raison de penser dans ce travail aux victimes de cette guerre, à leurs souffrances, aux Algériens réprimés, aux condamnés à mort, mais aussi aux rapatriés, aux harkis, eux aussi victimes de cette guerre qu'on aurait pu éviter si les politiques de l'époque avaient imaginé un avenir de paix, et non imposé par la loi des armes. [...] Des intellectuels, des personnalités, comme Jean-Paul Sartre, Théodore Monod, comme Paul Ricœur, et tant d'autres, même s'ils risquaient peu au regard de vos difficultés et de vos souffrances, appelaient au refus, à l'insoumission ; vos refus devenaient action et événement ; vous agissiez sur le monde. »

1. Sur ce point, voir l'ouvrage de Pierre Vermeren, *Misère de l'historiographie du Maghreb post-colonial 1962-2012*, Paris, Publications de la Sorbonne, 2012.

2. Erica Fraters, *Réfractaires à la guerre d'Algérie*, Syllepse, 2005.

CONCLUSION

Vers un traité de « Mémoire et vérité »

« Ne demandez jamais quelle est l'origine d'un homme ; interrogez plutôt sa vie, son courage, ses qualités et vous saurez ce qu'il est. »

L'émir Abd el-Kader

« Trop d'attachement hystérique à ce que fut l'Algérie a perturbé les relations entre métropole et pieds-noirs, entre les Algériens et nos gouvernants, entre Français de souche et Français de l'immigration avec leurs divergences où se côtoient ou non les vieux ouvriers de Renault, les harkis et les jeunes de la seconde et troisième génération. Cet attachement sentimental est pathologique mais ne s'efface pas. Seule l'éducation par la presse et l'école peut, en mêlant histoire, philosophie, morale et civisme, convaincre d'ériger la tolérance en mode absolu. Tâche ardue et toujours recommencée que vous illustrez au mieux et dont vous ne vous découragez pas, même si un éloignement temporaire peut vous être nécessaire pour apaiser les regrets et une irritation compréhensible. »

Lettre de Jean-Louis Roy,
fils de Jules Roy, décembre 2020.

Dans sa lettre de mission qu'il m'avait adressée, le président Emmanuel Macron indiquait vouloir « s'inscrire dans une volonté nouvelle de réconciliation des peuples français et algérien ». À l'approche du soixantième anniversaire de l'indépendance de l'Algérie en 2022, la nécessité d'un nouveau traité de réconciliation, d'amitié entre les deux peuples, reste plus que jamais d'actualité.

D'abord parce qu'il est question de *développement* pour l'avenir des deux pays.

Dans la préface au livre *Réconciliations*, publié par l'Agence française de développement, Mme Ngozi Okonjo-Iweala, ancienne ministre du Nigéria et directrice générale de la Banque mondiale, écrivait : « Réconcilier les peuples et les personnes déchirés par les antagonismes et les conflits, réconcilier les objectifs contradictoires et tous également nobles que servent les politiques publiques, la prospérité d'aujourd'hui et le bien-être de demain, les aspirations à l'idéal et la résistance du réel, les aspirations des différentes générations, voilà au fond ce que c'est de travailler chaque jour pour le développement[1]. »

Réconciliation, parce que l'Algérie occupe une place très importante dans l'ensemble du bassin méditerranéen. L'Algérie, avec ses 1 400 kilomètres de côtes, est la plus longue frontière entre l'Afrique et l'Europe. Il est inutile de préciser que son rôle dans les développements migratoires est essentiel dans cette partie du monde. D'autre part, le Sahara algérien, plus grand désert du monde, occupe des centaines de kilomètres de frontières, avec la Libye, le Niger, le Mali... C'est la plus grande frontière saharienne, où se joue un affrontement considérable face

1. *Réconciliations*, sous la direction de Rémy Rioux, directeur de l'Agence française de développement, Éd. Débats publics, juin 2019.

aux groupes djihadistes qui tentent de déstabiliser la région subsaharienne.

Cette double frontière, méditerranéenne et saharienne, donne à l'Algérie un poids considérable dans le règlement des problèmes actuels liés à l'immigration, au terrorisme, ou à l'instabilité qui règne dans certains pays de cette zone. Comment, alors, ne pas regarder ensemble vers l'avenir pour affronter ces défis du XXIe siècle ? On pourrait aussi ajouter à ces questions essentielles la recherche commune d'énergies renouvelables ; l'approfondissement de nos relations économiques au moment où la Chine occupe une place de premier ordre sur le marché algérien ; ou la nécessité de parler aux jeunes générations en perte de repères identitaires.

Le passé colonial – et la guerre d'Algérie – constitue désormais en France l'un des points de cristallisation de la réflexion fébrile qui s'est nouée çà et là autour de l'« identité nationale », au sein d'une société française éminemment diverse dans ses origines. Ainsi en atteste la virulence de débats récents autour de la loi du 23 février 2005 sur la « colonisation positive », et des dangers de la « repentance », ou à propos des traumatismes laissés par l'esclavage. Les souvenirs de la colonisation ont laissé des traces fort inégales dans l'histoire coloniale et l'Algérie y occupe une place centrale par la longueur du temps de la présence française (cent trente-deux ans), la forte colonisation de peuplement européen, la découverte du pétrole et du gaz, l'expérimentation des essais nucléaires au Sahara, et la cruauté d'une guerre de plus de sept ans.

On a vu que cette histoire particulière concerne toujours des millions de Français, pieds-noirs et soldats, officiers et harkis, immigrés algériens, binationaux vivant des deux côtés de la Méditerranée. Comme je l'ai montré, des pas ont été accomplis comme le vote à l'Assemblée nationale en 1999 de la reconnaissance d'une « guerre » qui avait eu lieu en Algérie. Ou la reconnaissance, en 2005, des massacres commis à Sétif et à Guelma en 1945. Ou encore le discours prononcé par François Hollande en décembre 2012 sur la « férocité » du système colonial. La déclaration d'Emmanuel Macron sur l'affaire Audin s'inscrit dans la grande tradition des décisions de reconnaissance historique du passé sombre de la France (comme, dans un autre registre, le discours de Jacques Chirac sur le Vél' d'Hiv'). Elle marque un seuil sur lequel il sera bien difficile de revenir. Car cette déclaration nous parle d'un *système* établi à la faveur des « pouvoirs spéciaux », votés en 1956, qui a limité la liberté d'expression, entravé les droits individuels, légitimé des centres de rétention administrative, mis en place des « zones interdites » où l'on pouvait tirer sans sommation sur un civil aperçu.

D'autres gestes à caractère symbolique et politique sont nécessaires aujourd'hui, touchant spécialement les personnalités politiques du nationalisme algérien assassinées. Je pense en particulier à des hommes politiques algériens considérés comme des héros de la lutte nationaliste en Algérie, comme Ali Boumendjel, avocat, ami de René Capitant, compagnon du général de Gaulle, défenestré par l'officier français Paul Aussaresses en mars 1957. Ce meurtre a été avoué par Paul Aussaresses dans ses mémoires. Une reconnaissance officielle de cet assassinat marquerait un pas supplémentaire dans le fait de regarder en face ce passé colonial. Il est, à mon sens, préférable à des discours de « repentance », dont on a pu mesurer les effets illusoires dans le conflit entre le Japon, la Chine, la Corée (effets mentionnés précédemment dans mon rapport).

D'autres gestes pourraient être faits (il y en a tant de possibles à propos de l'Algérie), notamment pour rappeler le refus algérien de la colonisation. Comme le rapatriement des corps des membres de la famille de l'émir Abd el-Kader, enterrés au château d'Amboise, lieu de résidence de l'émir après sa défaite. Et, à cette occasion, il faudrait expliquer ce que fut l'action de l'émir, après sa captivité, en faveur des populations des chrétiens d'Orient réfugiés à Damas, en 1860. Et, pourquoi, aussi, ne pas étudier la restitution du célèbre canon Baba Merzoug, aussi appelé La Consulaire, transféré à Brest par Victor-Guy Duperré, amiral en chef breton de la marine coloniale ? En juillet 1830, dès les premiers jours de la chute d'Alger, ce canon avait été saisi et expédié comme précieux trophée de guerre pour être installé dans l'arsenal militaire de la ville.

On trouvera dans les préconisations qui suivent d'autres façons pratiques d'avancer concrètement que beaucoup attendent, en France et en Algérie. Achevée depuis soixante ans, la guerre d'Algérie pourra ainsi davantage s'éloigner des esprits malheureux. Cette *séparation* de l'Algérie et de la France, au terme d'un conflit cruel de sept ans, s'est perdue avec une infinie possibilité de sens où se sont mêlées des nostalgies coloniales et des hontes inavouables. Depuis plusieurs années, des efforts ont été accomplis pour remonter en amont, avant la guerre, pour précisément tenter de la comprendre. Mais il reste encore beaucoup à faire, notamment au niveau de l'Éducation nationale, pour regarder tout le passé colonial de la France conduisant à des décolonisations difficiles, cruelles. Les manuels scolaires ont commencé ce travail, mais il faut accentuer cette connaissance d'une histoire coloniale, histoire très française.

Par la multiplication des gestes politiques et symboliques, on pourra de la sorte s'éloigner d'une mémoire devenue *enfermement dans un passé*, où se rejouent en permanence les conflits d'autrefois. Motif de discorde, la mémoire peut aussi se révéler puissance créatrice face à ceux qui voudraient effacer les pages sombres du passé. Il faut donc trouver la « juste mémoire », comme le dit le philosophe Paul Ricœur, entre les écueils de la répétition des guerres anciennes dans le présent, et celui de l'effacement de faits pouvant ouvrir à un négationnisme généralisé. Le travail historique et les gestes politiques aident à sortir de ce dilemme entre trop-plein et absence de mémoires. L'objectif n'est donc pas d'écrire une histoire commune, mais de chercher à expliquer ensemble l'événement colonial, et ne pas croire que tout pourra se trancher en un verdict définitif. Ce travail en commun doit maintenir ouverte la porte des controverses citoyennes.

Cette longue route, entre prises de position politiques, témoignages, recherches historiques et controverses s'ouvre encore devant les sociétés, française et algérienne. Pour construire l'avenir, et sortir de la rumination du passé.

Ce mouvement vers la réconciliation ouvre sur la possibilité du passage d'une mémoire communautarisée à une mémoire commune, en France, et entre historiens algériens et historiens français. L'Histoire n'a pas de nationalité, elle est l'œuvre des historiens qui disposent d'outils, de références pouvant être des archives écrites, des témoignages.

Il permet également la sortie de la concurrence victimaire. Entre les différents groupes porteurs de la mémoire algérienne, existe comme une fixation dans une mémoire cloisonnée où chacun se pose en victime supérieure à l'autre dans l'abandon, dans la blessure, dans l'exil, dans la trahison. Il est nécessaire de freiner cette concurrence terrible, au sein même des sociétés, parce qu'elle est stérile. Il est difficile de bâtir sur le ressassement, la rumination.

L'essentiel est de comprendre ce qui s'est passé dans cette histoire, de cerner les raisons de cette séparation.

Le métissage (le « vivre-ensemble ») a échoué dans l'Algérie coloniale, mais dans la France d'aujourd'hui sa réussite est un enjeu majeur. Il en est de même en Algérie, où doivent être reconnus la part prise par les Européens dans l'histoire contemporaine, ou le destin particulier des juifs d'Algérie.

Dans mon livre *La Gangrène et l'Oubli*, publié en 1991, j'avais tenté de montrer comment ce conflit ne se finissait pas, dans les têtes et dans les cœurs, parce que de part et d'autre de la Méditerranée, il n'avait pas été suffisamment nommé, montré, assumé dans et par une mémoire collective. Et en quoi la reconnaissance pratique d'exactions commises pendant la guerre d'Algérie était une condition essentielle pour aller vers une mémoire plus apaisée. On sait que vivre dans le déni d'une tragédie expose toujours à des retours de mémoires dangereuses, cruelles[1]. Et il s'est tissé autour du divorce franco-algérien, le plus tragique de l'époque de la décolonisation, des refoulements, des volontés d'oubli, causes d'innombrables malentendus qui persistent encore. Il faut donc aller vers plus de vérités.

La prise de position du président de la République Emmanuel Macron à propos de Maurice Audin nous renvoie aussi à la question des *disparus* de la guerre d'Algérie. Le corps de Maurice Audin n'a jamais été retrouvé. Comme ceux de milliers d'Algériens pendant la « bataille d'Alger », ou d'Européens à Oran à l'été 1962. Comment faire son deuil de cette guerre si l'on n'évoque pas le sort des personnes qui n'ont jamais été enterrées ? Et qui continuent d'errer, comme des fantômes, dans les

1. Sur ce point, voir mon dialogue avec Alexis Jenni, *Les Mémoires dangereuses*, Paris, Albin Michel, 2016.

consciences collectives, française et algérienne ? Sortir de l'effacement, de la disparition permet de s'approcher de la réalité, de la réconciliation possible. Bien sûr, ce travail de vérité a fait pousser des cris à ceux qui disent qu'il s'agit là de « repentance », et qu'il ne faut surtout pas évoquer la face d'ombre du passé français. Mais pour l'immense masse de ceux qui ont vécu le temps de la colonisation, elle encourage ceux qui se battent aujourd'hui pour aller vers la compréhension de leur propre passé.

Plutôt que de parler de « repentance », la France devrait donc reconnaître les discriminations et exactions dont ont été victimes les populations algériennes : mettre en avant des faits précis. Car les excès d'une culture de repentance, ou les visions lénifiantes d'une histoire prisonnière des lobbies mémoriels, ne contribuent pas à apaiser la relation à notre passé.

Tous ces faits expliqués, portés à la connaissance des jeunes générations, ne sont pas des verdicts définitifs à propos de la colonisation et de la guerre d'Algérie. Ces faits énoncés, déjà établis depuis longtemps par les historiens, maintiennent ouverte la porte des controverses citoyennes pour sortir de la rumination du passé et des blessures mémorielles ; encouragent les acteurs et témoins à parler de leurs souffrances (en particulier les anciens appelés d'Algérie, les pieds-noirs et les harkis). Ce faisant, ce travail de reconnaissance recrée les outils d'un travail de mémoire jamais clos, en soulignant aussi la nécessaire ouverture, des deux côtés de la Méditerranée, des archives de la guerre d'Algérie.

Des préconisations

– Constitution d'une commission « Mémoire et vérité » chargée d'impulser des initiatives communes entre la France et l'Algérie sur les questions de mémoires. Cette commission pourrait être constituée par différentes personnalités engagées dans le dialogue franco-algérien, comme Mme Fadila Khattabi, qui préside le groupe d'amitié France-Algérie de l'Assemblée nationale, comme M. Karim Amellal, ambassadeur, délégué interministériel à la Méditerranée, des intellectuels, médecins, chercheurs, chefs d'entreprise, animateurs d'associations (comme Coup de soleil). Un secrétariat général sera chargé d'assurer la mise en œuvre et le suivi des décisions prises par cette commission.

Cette commission pourrait notamment proposer :

– La poursuite de commémorations, comme celle des accords d'Évian le 19 mars 1962, demandée par plusieurs associations d'anciens combattants, premier pas vers la fin de la guerre d'Algérie. D'autres initiatives de commémorations importantes pourraient être organisées autour de la participation des Européens d'Algérie à la Seconde Guerre mondiale ; du 25 septembre, journée d'hommage aux harkis et autres membres de formations supplétives dans la guerre d'Algérie ; de la date du 17 octobre 1961, symbole de la répression des travailleurs algériens en France. À tous ces moments de commémoration pourraient être invités les représentants des groupes de mémoires concernés par cette histoire.

– Cette commission pourrait recueillir la parole des témoins frappés douloureusement par cette guerre, pour établir plus de vérités, et parvenir à la réconciliation des mémoires.

– Un geste pourrait être l'inclusion dans le décret 2003-925 du 26 septembre 2003 instituant une journée nationale d'hommage aux morts pour la France pendant la guerre d'Algérie et des combats du Maroc et de la Tunisie d'un paragraphe dédié au souvenir et à l'œuvre des femmes et des hommes qui ont vécu dans des territoires autrefois français et qui ont cru devoir les quitter à la suite de leur accession à la souveraineté.

– La construction d'une stèle, à Amboise, montrant le portrait de l'émir Abd el-Kader, au moment du soixantième anniversaire de l'indépendance de l'Algérie en 2022. La restitution à l'Algérie de l'épée de l'émir.

– À la suite de la déclaration concernant Maurice Audin, la reconnaissance par la France de l'assassinat d'Ali Boumendjel, avocat, ami de René Capitant, dirigeant politique du nationalisme algérien assassiné pendant la « bataille d'Alger » de 1957.

– À la suite de la déclaration d'amitié signée lors de la visite du président de la République à Alger en 2012, un groupe de travail a été créé pour permettre la localisation des sépultures des disparus algériens et français de la guerre d'indépendance. Ce groupe pourrait poursuivre son travail pour la publication d'un « Guide des disparus » de la guerre d'Algérie, disparus algériens et européens.

– Identifier les emplacements où furent inhumés les

condamnés à mort exécutés pendant la guerre. À la fin des années 1960, dans un mouvement symétrique à celui qu'effectuait alors l'État français, l'État algérien a demandé à récupérer les corps des Algériens morts en France pendant la guerre. Or, les démarches entreprises sont inabouties. On pourrait se centrer sur la situation des condamnés à mort exécutés qui doit être distinguée dans la mesure où il s'agit de décisions de justice et d'exécutions officielles, ce qui devrait permettre une identification plus aisée.

– La poursuite du travail conjoint concernant les lieux des essais nucléaires en Algérie et leurs conséquences ainsi que la pose des mines aux frontières.

– La poursuite de l'activité du comité mixte d'experts scientifiques algériens et français chargés d'étudier les restes humains de combattants algériens du XIXe siècle conservés au Muséum national d'histoire naturelle.

– Voir avec les autorités algériennes la possibilité de faciliter le déplacement des harkis et de leurs enfants entre la France et l'Algérie.

– La mise en place d'une commission mixte d'historiens français et algériens pour faire la lumière sur les enlèvements et assassinats d'Européens à Oran en juillet 1962, pour entendre la parole des témoins de cette tragédie.

– Faire des quatre camps d'internement situés sur le territoire français des lieux de mémoire. À partir de 1957, des milliers d'Algériens ont été internés administrativement en France. Quatre camps les accueillirent : le camp du Larzac (Aveyron), celui de Saint-Maurice-l'Ardoise (Gard), celui de Thol (Ain) et celui de Vadenay (Marne). Le camp du Larzac fut le plus important. Celui de Saint-Maurice-l'Ardoise a la particularité d'avoir vu s'y succéder, pendant la guerre, des suspects algériens, puis des membres de l'OAS, et enfin des harkis rapatriés et leurs familles. Des plaques, apposées à proximité de chacun de ces camps, pourraient rappeler leur histoire.

– Encourager la préservation des cimetières européens en Algérie (travaux, entretien, réhabilitation des tombes), ainsi que des cimetières juifs (par exemple ceux de Constantine et de Tlemcen). Financer l'entretien des tombes des soldats algériens musulmans « morts pour la France » entre 1954 et 1962 et enterrés en Algérie. Ces tombes ne reçoivent aucun soin spécifique de la part de l'État français puisqu'elles n'ont pas été regroupées au cimetière du Petit-Lac avec celles des autres militaires français. Avec l'accord des familles, un recensement de ces tombes et une aide pour leur entretien pourraient être proposés.

– L'activation du groupe de travail conjoint sur les archives, constitué en 2013 à la suite de la visite du président de la République en 2012. Le groupe s'est réuni à six reprises, jusqu'au 31 mars 2016. Ce groupe de travail sur les archives devra faire le point sur l'inventaire des archives emportées par la France, et celles laissées en Algérie. Sur la base de ce travail d'inventaire, certaines archives (originaux) seraient récupérées par l'Algérie. Celles laissées en Algérie pourront être consultées par les chercheurs français et algériens. Le « comité de pilotage » pourrait proposer la constitution d'un premier fonds d'archives commun aux deux pays, librement accessible. Il pourrait également demander l'application stricte de la loi sur le patrimoine de 2008 en France. Concrètement, il s'agit de revenir dans les plus brefs délais à la pratique consistant en une déclassification des documents « secrets » déjà archivés antérieurs à 1970 – étant entendu qu'il revient à l'administration de procéder à la déclassification des documents postérieurs à cette date avant leur versement.

– La coopération universitaire pourrait, avant le règlement de la domiciliation des archives, trouver un moyen pour chacune des parties de montrer la volonté de transparence sur leur passé commun. La France proposerait ainsi de donner chaque année à dix chercheurs inscrits en thèse sur l'histoire de l'Algérie coloniale et la guerre d'indépendance dans un établissement universitaire algérien la possibilité d'effectuer des recherches dans les fonds d'archives en France.

– Le visa de chercheur à entrées multiples serait d'une durée de six mois, pouvant être prolongée de trois mois, ce qui correspond à une année universitaire. Le chercheur pourrait ainsi effectuer des allers-retours en fonction des besoins de sa recherche. Ce visa pourrait être renouvelable.

– Afin que ces recherches puissent être menées dans de bonnes conditions matérielles, un accord serait passé avec le Conseil national des œuvres universitaires pour mettre à disposition une chambre au sein d'une cité universitaire proche des lieux d'archive dans des modalités pratiques à approfondir. Enfin, ces étudiants pourraient bénéficier pendant leur séjour en France de la même bourse d'études que les étudiants français inscrits en thèse, ramenée au prorata de la durée de séjour.

– En parallèle, des étudiants français, dans un nombre qui reste à discuter avec les autorités algériennes, devraient pouvoir bénéficier d'un visa à entrées multiples et d'un accès facilité aux archives algériennes concernant la même période.

– Favoriser la diffusion des travaux des historiens par la création d'une collection « franco-algérienne » dans une grande maison d'édition. Cela afin de poser des bases communes aux mémoires particulières, de définir un cadre acceptable par tous des deux côtés de la Méditerranée.

– La création d'un fonds permettant la traduction du français vers l'arabe, et de l'arabe vers le français, d'œuvres littéraires, et à caractère historique. Ce fonds pourra également prendre en charge les écrits de langue berbère.

– Accorder dans les programmes scolaires plus de place à l'histoire de la France en Algérie. À côté d'une avancée récente – ne plus traiter de la guerre sans parler de la colonisation –, il convient de généraliser cet enseignement à l'ensemble des élèves (y compris dans les lycées professionnels).

– Aller vers la mise en place d'un office franco-algérien de la jeunesse, chargé principalement d'impulser les œuvres de jeunes créateurs (œuvres d'animation, courts-métrages de fiction, création de plate-forme numérique pour le son et l'image).

– La réactivation du projet de musée de l'Histoire de la France et de l'Algérie, prévu à Montpellier et abandonné en 2014.

– À l'instar de la mesure instaurée par le Président de la République visant à donner à des rues de communes françaises des noms de personnes issues de l'immigration et de l'outre-mer, inscription de noms de Français d'origine européenne particulièrement méritants, en particulier médecins, artistes, enseignants, issus de territoires antérieurement placés sous la souveraineté de la France.

– L'organisation, en 2021, d'un colloque international dédié au refus de la guerre d'Algérie par certaines grandes personnalités comme François Mauriac, Raymond Aron, Jean-Paul Sartre, André Mandouze, Paul Ricœur.

– L'organisation en 2021, au musée national de l'Histoire de l'immigration, d'une exposition ou d'un colloque sur les indépendances africaines.

– L'entrée au Panthéon de Gisèle Halimi, grande figure féminine d'opposition à la guerre d'Algérie.

– La création d'une commission franco-algérienne d'historiens chargée d'établir l'historique du canon Baba Merzoug – ou « La Consulaire » – et de formuler des propositions partagées quant à son avenir, respectueuses de la charge mémorielle qu'il porte des deux côtés de la Méditerranée ».

Remerciements

Je voudrais remercier tout particulièrement les personnes avec qui je me suis entretenu (quelquefois longuement) pour la rédaction de ce rapport.

Kader Abderrahim, politologue, journaliste.
Karim Amellal, ambassadeur, délégué interministériel sur la Méditerranée.
Linda Amiri, historienne.
Rachid Arhab, journaliste.
Pierre Audin, comité Josette-et-Maurice-Audin.
Agnès Aziza, pour l'Association des amis du cimetière Saint-Eugène d'Alger.
Françoise Banat-Berger, cheffe du service interministériel des Archives de France.
Georges-Marc Benamou, journaliste, producteur.
Amine Benyamina, psychiatre, président de la Fédération française d'addictologie.
Michel Berthelemy, ancien appelé.
Emmanuel Bonne, diplomate.
Patrick Bouveret, ICAN et Observatoire des armées.
Nadjia Bouzeghrane, journaliste.
Naoufel Brahimi El Mili, journaliste au *Soir d'Algérie*.

Raphaëlle Branche, historienne.
Abdelmadjid Chikhi, directeur des Archives nationales algériennes.
Jean-Marie Collin, ICAN et Observatoire des armées.
Jacques Cros, ancien adhérent de la FNACA.
Geneviève Darrieussecq, ministre déléguée auprès de la ministre des Armées, chargée de la Mémoire et des Anciens Combattants.
Bruno Dary, général d'armée, président du Comité national d'entente. Cent trente-sixième gouverneur de Paris de 2007 à 2012, actuellement président du comité de la Flamme sous l'Arc de Triomphe, association ayant la charge de raviver la flamme de la tombe du soldat inconnu.
Xavier Driencourt, ancien ambassadeur de France en Algérie.
Serge Drouot, FNACA, membre de la commission Guerre d'Algérie-Jeunesse-Enseignement (GAGE).
Patrick Durel, diplomate.
Delphine Falchier, responsable cellule Maghreb-Moyen-Orient à l'Agence française de développement (AFD).
Christophe Farnaud, directeur Afrique du Nord, Moyen-Orient, Quai d'Orsay.
Malika Fecih, adhérente de l'Association des anciens appelés en Algérie et leurs amis contre la guerre (4ACG).
François Gérard, membre fondateur d'une association de fils de harkis.
François Gouyette, ambassadeur de France en Algérie.
Frédéric Grasset, diplomate, ancien directeur Afrique du Nord au Quai d'Orsay, ambassadeur de France au Maroc (2001-2004).
Jean Grosset, membre du Conseil économique, social et environnemental (CESE).
Laëtitia Habchi, responsable projets, AFD.

Abdelkader Haroun, commissionnaire divisionnaire de police à Roubaix.
Fatiha Hassanine, comité Josette-et-Maurice-Audin.
Stanislas Hutin, ancien appelé.
Nacer Kettane, président de Beur FM et Beur TV.
Jean-Yves Le Drian, ministre des Affaires étrangères.
Nicolas Le Scanff, dessinateur BD.
Salah Lebdioui, ambassadeur d'Algérie en France.
François Lecointre, général d'armée, chef d'État-Major des armées.
Didier Leschi, directeur général de l'Office français de l'immigration et de l'intégration (OFII).
Gilles Manceron, historien.
Abdelmadjid Merdaci, historien.
Djanina Messali-Benkelfat, fille de Messali Hadj.
Samia Messaoudi, journaliste.
René Moreau, ancien appelé.
Georges Morin, fondateur de Coup de soleil.
Paul Morin, historien.
Jean Mouttapa, éditeur, Albin Michel.
Jacques Nakache, membre fondateur de l'Association des juifs originaires du Constantinois (AJOC).
Didier Nebot, membre fondateur de Morial.
Tony Orengo, ancien appelé.
Guy Pervillé, historien.
Frédérique Pons, attachée de presse, Albin Michel.
Jacques Pradel, membre fondateur de l'Association nationale des pieds-noirs progressistes et leurs amis (ANPNPA).
Tramor Quemeneur, historien.
François-Xavier Ricard, ancien appelé, président de la 4ACG.
Rémy Rioux, directeur général de l'AFD.
Jean-Louis Roy, fils de Jules Roy.

Kamel Sadji, fils de harkis, association Mémoire du camp du Logis d'Anne.
Fatiha Saou, comité Josette-et-Maurice-Audin.
Sadek Sellam, historien.
Richard Senghor, ministère de l'Éducation nationale.
Dominique Sopo, SOS Racisme.
Pierre-François Souyri, historien de l'Asie.
Sylvie Thénault, historienne.
Jean-Félix Vallat, Maison des agriculteurs rapatriés (MAFA).
Jean-Louis Wander, sociologue.
Naïma Yahi, historienne.
Youssef Zerarka, journaliste.
Henri Zuber, conservateur général du patrimoine.

ANNEXES

ANNEXE 1

Les discours présidentiels

Discours de M. Jacques Chirac, Président de la République, à l'occasion de l'inauguration du Mémorial national de la guerre d'Algérie et des combats du Maroc et de la Tunisie

Paris, le jeudi 5 décembre 2002.

Quand le bruit des armes s'est tu depuis longtemps, quand les plaies se sont lentement refermées, non sans laisser de profondes cicatrices, alors, vient le temps de la mémoire et de la reconnaissance.

Aujourd'hui, au nom de tous les Français, je veux rendre l'hommage de la nation aux soldats morts pour la France en Afrique du Nord, il y a presque un demi-siècle. Ils furent plus de 22 000. Je veux saluer, avec ferveur et gratitude, leur dévouement, leur courage, leur jeunesse sacrifiée. Je veux dire à leurs familles meurtries que nous ne les oublierons jamais. C'est le message que porte ce Mémorial national de la guerre d'Algérie et des combats du Maroc et de la Tunisie.

Comme la loi du 18 octobre 1999, votée à l'unanimité, ce monument était attendu par beaucoup de nos compatriotes. Il signifie que les soldats d'Afrique du Nord occupent enfin, comme leurs aînés de 1914 et de 1940, la place qui leur revient dans la mémoire de notre patrie.

Soldats de métier, combattants volontaires, Français musulmans engagés dans les forces supplétives, appelés et rappelés du contingent : tous ont connu les mêmes épreuves. Tous ont lutté pour le même idéal au service de la République et au service de la France.

Près d'un million et demi d'appelés et de rappelés ont participé à la guerre d'Algérie. Ils formaient l'essentiel des effectifs. Ces hommes, jeunes, grandis à l'ombre de la Deuxième Guerre mondiale dont ils avaient enduré les souffrances et les privations, ont, à l'orée de leur vie adulte, connu l'épreuve d'une autre guerre.

Leur existence en a été marquée pour toujours.

Il y a eu la découverte de paysages grandioses et rudes. Les couleurs et les rythmes de terres familières et lointaines. Il y a eu la mission impérieuse de protéger des populations qui faisaient confiance à la France. L'isolement des unités dans le Djebel. L'alternance de l'attente et des combats soudains contre un ennemi imprévisible, insaisissable. Il y a eu l'expérience de la souffrance, de la mort, de la haine. De retour en France, beaucoup, qui avaient servi avec honneur, ont porté seuls le poids de cette guerre dont on ne parlait pas, et qui a laissé de profonds stigmates dans notre mémoire nationale.

Les Harkis, les membres des forces supplétives, qui ont tant donné à notre pays, ont également payé un très lourd tribut. À eux, à leur honneur de soldats, à leurs enfants qui doivent trouver toute leur place dans notre pays, la France adresse aujourd'hui un message tout particulier d'estime, de gratitude et d'amitié.

C'est autour de ces soldats de toutes armées et de toutes armes que nous nous recueillons, loin des polémiques et des passions. Tous sont unis dans notre souvenir. Tous ont leur place dans le cortège glorieux des fils de France qui se sont illustrés sur tous les continents et ont servi notre pays aux heures les plus tragiques de son histoire.

Tous les soldats tombés en Afrique du Nord, tous ceux que nous avons pu identifier, ont leur nom sur ce monument du souvenir placé au centre de Paris. Aucun ne doit être oublié. Et je remercie les associations d'anciens combattants qui, avec le ministère de la Défense, ont accompli les longues et patientes recherches nécessaires à cette œuvre de mémoire.

La liste qu'ils ont établie n'est pas close. Elle suscitera peut-être des témoignages qui permettront de la compléter et de rendre ainsi justice à des héroïsmes méconnus.

À côté de ces noms de valeureux, que nous arrachons à l'oubli pour les rendre à l'histoire, nos pensées vont aussi aux victimes civiles, à ces femmes et à ces hommes qui ont tant contribué à l'œuvre de la France outre-mer, ainsi qu'à tous les soldats inconnus de cette guerre, et notamment aux membres des forces supplétives tués après le cessez-le-feu en Algérie et dont beaucoup n'ont pas été identifiés. Tous ont droit à notre fidélité et à notre reconnaissance.

Quarante ans après la fin de la guerre d'Algérie, après ces déchirements terribles au terme desquels les pays d'Afrique du Nord se sont séparés de la France, notre République doit assumer pleinement son devoir de mémoire.

Au-delà des ombres et des lumières. Au-delà de la mort et des souffrances, elle doit garder vivante la mémoire des deux millions de soldats qui ont combattu, de tous ceux qui ont été tués ou blessés. Fidèle à ses principes et à son histoire, elle associe dans un même hommage ses enfants de toutes origines morts pour la France.

Honneur à leur courage et à leur sacrifice !

Honneur aux soldats d'Algérie, du Maroc et de Tunisie !

Vive la République !

Et vive la France !

Discours de Nicolas Sarkozy prononcé à Constantine devant des étudiants algériens, mercredi 5 décembre 2007

Monsieur le Président de la République, cher Abdelaziz, qu'il me soit permis en commençant de vous dire mon amitié, mon respect et mon admiration,
Monsieur le Premier ministre,
Mesdames et Messieurs les ministres,
Mesdames et Messieurs,

C'est une immense joie pour moi de pouvoir m'adresser à vous aujourd'hui, et à travers vous à la jeunesse et au peuple algériens. Si j'ai souhaité le faire ici, à Constantine, ce n'est pas seulement parce que cette ville est, comme tant d'autres villes de la Méditerranée, l'héritière d'une histoire plusieurs fois millénaire qui a mêlé depuis la plus haute Antiquité les destins de tant de peuples.

Si j'ai souhaité venir dans cette ville qui porte encore le nom du premier empereur romain converti au christianisme, ce n'est pas seulement parce que Constantine est depuis si longtemps le symbole de l'identité arabo-musulmane de l'Algérie.

Tout homme qui vient à elle ne peut s'empêcher, quelles que soient ses croyances, d'éprouver à son contact ce sentiment religieux d'être dans un de ces lieux sacrés où le Ciel paraît si proche et la foi si naturelle. Combien de visiteurs ont ressenti ce qu'avait ressenti ce voyageur des siècles passés qui, voyant apparaître Constantine au-dessus des brumes matinales, croyait « voir quelque cité fantastique éclose tout à coup des ombres de la nuit et portée dans le ciel par deux oiseaux blancs » ? Cette ville est une ville de foi. Combien d'hommes qui n'avaient pas la même religion, qui n'avaient pas la même culture, qui n'avaient pas la même origine, se sont pourtant sentis saisis par la même émotion, celle que j'ai éprouvée tout à l'heure en arrivant devant Constantine que tant de travail, que tant de peine, que tant de volonté farouche ont suspendue au-dessus des ravins comme pour témoigner qu'il n'est rien de plus fort que la volonté humaine lorsqu'elle est soutenue par une foi vivante ? Ainsi est votre ville de Constantine. J'ai donc souhaité parler dans ce lieu, ce lieu qui appartient à tous les hommes parce que ce lieu incarne pour tous les hommes l'esprit de résistance, l'esprit de conquête, l'esprit de dépassement de soi. J'ai souhaité parler dans ce lieu où l'identité et la civilisation musulmanes parlent à tous les hommes. Et j'ai souhaité parler à la jeunesse algérienne parce que la jeunesse d'Algérie tient dans ses mains une partie du destin d'une grande civilisation qui a tant apporté à l'Humanité de sagesse, d'art, de culture et de science, et dans laquelle tant d'hommes dans le monde espèrent encore. Jeunes d'Algérie, je suis venu vous dire que vous pouvez être fiers de votre pays parce que l'Algérie est un grand pays. Jeunes d'Algérie, je suis venu vous dire que vous pouvez être fiers d'être des jeunes musulmans parce que la civilisation musulmane est une grande civilisation.

Jeunes d'Algérie, je suis venu vous dire que le peuple français vous aime et que le peuple français vous respecte. Je sais, cher Abdelaziz, les souffrances du passé, je sais les blessures profondes que les tragédies de l'Histoire ont laissées dans l'âme du peuple algérien. Et dans cette ville de Constantine, je n'ignore nullement que les universités portent les noms de grands résistants qui furent des héros de la cause algérienne.

Dans cette ville, que je n'ai pas choisie par hasard, les pierres se souviennent encore de ce jour de 1837 où un peuple libre et fier, exténué après avoir résisté jusqu'à l'extrême limite de ses forces, fut contraint de renoncer à sa liberté. Les pierres de Constantine se souviennent encore de cette journée terrible du 20 août 1955 où chacun fit couler ici le sang, pour la cause qui lui semblait la plus juste et la plus légitime. Ce n'est pas parce que 1955 est l'année de ma naissance que je dois ignorer cette bataille et cette date. Le déferlement de violence, le déchaînement de haine qui, ce jour-là, submergea Constantine et toute sa région et tua tant d'innocents étaient le produit de l'injustice que depuis plus de cent ans le système colonial avait infligée au peuple algérien.

L'injustice attise toujours la violence et la haine. Beaucoup de ceux qui étaient venus s'installer en Algérie, je veux vous le dire, étaient de bonne volonté et de bonne foi. Ils étaient venus pour travailler et pour construire, sans l'intention d'asservir ni d'exploiter personne. Mais le système colonial était injuste par nature et le système colonial ne pouvait être vécu autrement que comme une entreprise d'asservissement et d'exploitation.

De part et d'autre – et c'est mon devoir de président de la République de le dire –, de part et d'autre, il y a eu des douleurs, il y a eu des souffrances, il y a eu des peines. Ces douleurs, ces souffrances et ces peines, nul en Algérie ni en France ne les a oubliées. Je n'oublie ni ceux qui sont tombés les armes à la main pour que le peuple algérien soit de nouveau un peuple libre, je n'oublie ni les victimes innocentes d'une répression aveugle et brutale, ni ceux qui ont été tués dans les attentats et qui n'avaient jamais fait de mal à personne, ni ceux qui ont dû tout abandonner : le fruit d'une vie de travail, la terre qu'ils aimaient, la tombe de leurs parents, les lieux familiers de leur enfance. Mais, jeunes d'Algérie, c'est en regardant ensemble, Algériens et Français, vers l'avenir, que nous serons fidèles aux souvenirs de nos morts, qu'ils soient Algériens ou Français. C'est en tendant l'un vers l'autre une main fraternelle que nos deux peuples comprendront que tant de fautes, que tant de crimes, que tant de malheurs n'auront pas été vains puisqu'ils nous auront appris à détester la guerre et à rejeter la haine. Je ne suis pas venu nier le passé. Je suis venu vous dire que le futur est plus important. Ce qui compte c'est ce que nous allons accomplir, et ce que nous allons accomplir ensemble ne dépend que de nous. Ce qui compte c'est que l'Algérie est aujourd'hui un pays libre, un pays moderne. Ce qui compte c'est que l'Algérie et la France ont en commun des valeurs, une culture, des intérêts. Ce qui compte c'est que la géographie, la mer, la culture, l'héritage des siècles lient à jamais les destinées de l'Algérie et de la France. Ce qui compte c'est que dans tant de cœurs français l'attachement à l'Algérie soit si fort, ce qui compte c'est que tant d'Algériens ne peuvent s'empêcher au fond d'eux-mêmes de considérer la France comme une forme de deuxième patrie. Ce qui compte c'est que l'Algérie et la France aient la langue française en partage et que tant d'écrivains, tant de savants expriment en français ce qu'il y a de plus grand et de plus beau dans l'art, dans la sagesse et dans la pensée algérienne. Et je souhaite que davantage de Français prennent en partage la langue arabe par laquelle s'expriment tant de valeurs de civilisation et de valeurs spirituelles. En 2008 j'organiserai en France les Assises de l'enseignement de la langue et de la culture arabes, parce que c'est en apprenant chacun la langue et la culture de l'autre que nos enfants apprendront à se connaître et à se comprendre. Parce que la pluralité des langues et des cultures est une richesse qu'il nous faut à tout prix préserver.

Mes chers amis, je vous le dis du fond du cœur, ce qui compte ce n'est pas ce qui a été pris hier, c'est ce qui sera donné demain ; ce n'est pas le mal qui a été fait, c'est le bien qui sera rendu ; ce n'est pas ce qui a été détruit, c'est ce qui sera construit. C'est le message, au nom de la République française, que je voulais dire au peuple d'Algérie et à la jeunesse d'Algérie. Les fautes et les crimes du passé furent impardonnables. Mais c'est sur notre capacité à conjurer l'intolérance, le fanatisme et le racisme qui préparent les crimes et les guerres de demain que nos enfants nous jugeront. Je le dis dans cette ville qu'on appelait jadis « la Jérusalem du Maghreb » parce que sa communauté juive y était la plus importante d'Afrique du Nord, dans cette ville qui se souvient encore que pendant des siècles juifs et musulmans y vécurent en paix les uns avec les autres : l'antisémitisme n'est pas qu'un crime contre les juifs, c'est un crime contre tous les hommes et un crime contre toutes les religions. Aucune cause aussi juste soit-elle ne peut justifier, à mes yeux, ce crime.

Je le dis dans Constantine si croyante et dont la tolérance fut pendant tant de siècles la marque du génie : il ne s'agit pas seulement de condamner le racisme, encore moins de répondre au racisme par le racisme, il s'agit de le combattre. Je combattrai le racisme qu'il soit anti-arabe, anti-juif, anti-noir, anti-blanc, il n'est pas possible de transiger avec le racisme. Et la France ne transigera jamais avec le racisme. La France sera toujours au côté de ceux qui ne transigent pas. La France ne transigera pas avec l'islamophobie. La France ne transigera pas avec l'antisémitisme. La France ne transigera pas avec le fanatisme. La France ne transigera pas avec l'intégrisme. Elle ne transigera avec aucune forme d'extrémisme, avec aucune forme de terrorisme. L'Algérie – je suis venu vous le dire – trouvera toujours la France à ses côtés lorsqu'il s'agira de combattre le terrorisme, l'extrémisme, l'intégrisme, l'islamophobie. Mais si nous voulons ensemble vaincre un jour l'islamophobie, l'antisémitisme, le racisme, le fanatisme, si nous voulons décourager le terrorisme, il ne faut pas que nous transigions non plus avec la justice. Et je sais que le mot justice ici, en Algérie, cela compte. Car c'est du sentiment de l'injustice que les terroristes tirent leur plus grande force. Priver les Palestiniens d'un État-nation est une injustice que la France n'acceptera pas. Ne pas reconnaître à Israël le droit de vivre en sécurité est une injustice. Empêcher les croyants de pratiquer leur religion, refuser la liberté de conscience et la liberté de culte, c'est une injustice. On ne combat pas le fanatisme, on ne combat pas l'intégrisme en combattant la religion. On combat l'intégrisme et le fanatisme en favorisant une idée ouverte et tolérante de la religion. Je ne crois pas que les grandes religions soient une menace pour la paix. Je ne crois pas que les grandes religions constituent un obstacle au progrès, je ne crois pas que les grandes religions soient un facteur d'obscurantisme. Je crois tout le contraire. Je crois que le sentiment religieux est un sentiment très noble. Et quand je regarde vos mosquées et quand je regarde nos cathédrales, je vois ce que la foi peut accomplir de grand et de plus beau.

Et je me dis que ce que nous pouvons accomplir ensemble, musulmans, chrétiens, juifs, doit pouvoir être plus beau et plus grand encore. Je pense à la coupole de la basilique Notre-Dame-d'Afrique à Alger, sur laquelle il est écrit : « Notre-Dame d'Afrique, priez pour nous chrétiens et pour les musulmans. » Je pense au testament si émouvant du père Christian, supérieur du monastère de Tibhirine, s'adressant, visionnaire, à son assassin : « Et toi aussi, l'ami de la dernière minute qui n'auras pas su ce que tu faisais [...] qu'il nous soit donné de nous retrouver, larrons heureux au Paradis, s'il plaît à Dieu, notre Père à tous les deux. » Et le père Christian termine en disant : « Amen ! Inch Allah ! » Ce jour-là, le père Christian a fait honneur à l'Algérie, à la France et à la foi universelle dans le monde des croyants. Je pense à l'émir Abd el-Kader, sans doute la plus belle et la plus noble figure de l'histoire algérienne, je pense à sa foi, une foi si rayonnante, je pense à son islam si authentique, si ouvert, si humaniste. Je pense à ce héros qui s'était battu jusqu'au bout de ses forces pour l'indépendance de l'Algérie et qui en 1860 à Damas sauva tant de vies chrétiennes du massacre, non pas parce qu'elles étaient chrétiennes mais parce que c'étaient des vies et qu'il considérait que sa foi de musulman lui faisait un devoir de sauver des vies. C'est cela le message de l'islam que vous devez porter en Algérie et ailleurs. Oui, moi, le président de la République française, je pense à la sagesse de cet homme de culture et de foi qui entretenait une correspondance suivie avec l'évêque d'Alger, qui s'intéressait à la franc-maçonnerie et qui voulut être enterré à côté du tombeau d'Ibn Arabî, ce grand sage de l'islam dont il se considérait comme le disciple et qui a dit : « Je professe la religion de l'Amour, l'Amour est ma religion et ma foi. » Les terroristes salissent un islam qu'ils ne connaissent pas.

C'est à cette Algérie de la tolérance, c'est à cette Algérie de l'amour qui est son plus beau visage que je veux m'adresser. Si chacun d'entre nous, chrétiens, musulmans, juifs, nous allons au fond de nous-mêmes, au fond de nos traditions, au fond de nos croyances, au fond des cultures dont nous sommes les héritiers, alors nous découvrirons au-delà de tout ce qui nous sépare, de tout ce qui nous oppose, que ce que nous avons accompli de plus beau et de plus grand procède, au fond, des mêmes valeurs, de la même raison et du même idéal. En m'adressant aujourd'hui à la jeunesse algérienne, je m'adresse à la jeunesse d'un pays qui s'est toujours reconnu dans un islam humaniste et ouvert, un islam des Lumières. En m'adressant à la jeunesse algérienne, je veux parler à ces centaines de millions de musulmans dans le monde qui se reconnaissent comme les héritiers d'un islam qui a toujours su faire dialoguer la foi et la raison. Je veux parler d'ici, à Constantine, à ces centaines de millions de musulmans dans le monde qui ne sont pas seulement les enfants d'Ibn Arabî, mais aussi les enfants de Platon, d'Aristote et de saint Augustin, et qui ne se reconnaissent pas dans le fanatisme et dans l'intégrisme. Je ne veux pas d'un amalgame entre l'islam et les terroristes. Je ne veux pas d'un amalgame entre les musulmans et les fanatiques. Il fallait que cela soit dit ici, à Constantine. Au nom de la France laïque et républicaine, je veux dire à des centaines de millions de musulmans dans le monde que leur foi, que les valeurs de la civilisation dont ils sont les dépositaires peuvent être une chance pour le monde. Je veux leur dire qu'ils doivent se battre pour l'idée qu'ils se font de leur foi et pour leurs valeurs. Je veux leur dire que la France les aime, que la France les respecte et que dans ce combat elle sera à leur côté parce que ce combat d'un islam ouvert, d'un islam des Lumières, est un combat pour tous les hommes, un combat pour toute l'humanité. Je ne suis pas venu vanter une fois de plus les mérites d'un dialogue hypothétique des civilisations, des cultures ou des religions. Parce qu'il ne s'agit plus simplement de dialoguer, il s'agit d'agir et de construire maintenant, tout de suite, ensemble. À voir la situation politique, économique et sociale dans certaines parties du monde méditerranéen, à voir les conflits qui les déchirent à plusieurs endroits, à voir les inégalités souvent si grandes et la misère si criante, à constater, comme l'actualité nous en donne chaque jour l'occasion, le retour de la violence primitive à travers toutes les formes du fanatisme religieux et du terrorisme, je veux me demander devant vous si depuis quelques décennies nous n'avons pas trop parlé et pas assez agi. On peut se demander si le moment n'est pas enfin venu d'aller solliciter au fond de nous-mêmes ce qui fait l'unité intellectuelle, morale, religieuse du monde méditerranéen que durant des siècles tant de croisades, de guerres prétendument saintes, d'entreprises coloniales ont fait éclater. Tournons la page ! C'est le temps maintenant. Dans le monde tel qu'il est aujourd'hui, où des forces matérielles et humaines d'une extraordinaire puissance sont à l'œuvre, il nous faut nous convaincre les uns et les autres qu'il est devenu vital de donner plus de force à ce qui nous unit et d'arrêter de parler de ce qui nous oppose.

Nous devons réapprendre à vivre avec un mot que je veux vous proposer en partage, nous devons apprendre à vivre notre diversité au nom de ce que nous avons en commun. Le mot diversité ne me fait pas peur. Il est beau. La Méditerranée ne se place à l'avant-garde de la civilisation mondiale que lorsqu'elle sait brasser les hommes et les idées. La civilisation méditerranéenne n'a jamais été grande que par l'échange, que par le mélange et j'ose le mot, elle n'a jamais été si grande, la civilisation méditerranéenne, que par le métissage. La civilisation méditerranéenne ne résistera pas autrement demain à l'aplatissement programmé du monde. La civilisation méditerranéenne ne conjurera pas autrement le risque d'un choc des civilisations et d'une nouvelle guerre des religions. Elle n'empêchera pas autrement la grande catastrophe écologique qui nous menace. La diversité, j'ai voulu qu'elle soit reconnue en France en organisant l'islam de France. Je salue la présence de Dalil. Mais la diversité, nous devons la reconnaître partout comme une valeur de civilisation, comme un principe politique fondamental aussi important que la démocratie. C'est au nom de la diversité que le Liban doit vivre libre, indépendant, débarrassé des influences extérieures. C'est au nom de la diversité que l'intégrisme et l'intolérance doivent être combattus sans merci. Le peuple d'Algérie, vous avez été bien courageux dans les années 1990, et bien seuls. Ceux qui vous jugeaient alors voient dans le tribunal de l'histoire qu'ils ont eu tort, parce que si vous n'aviez pas combattu dans les années 1990, eh bien nous n'en serions pas là et je ne pourrais pas aujourd'hui, à Constantine, dire ce que j'ai envie de dire. La diversité, l'échange, le métissage, l'ouverture à l'autre, tels sont les principes qui doivent fonder l'Union de la Méditerranée. Tels sont les principes sur lesquels les pays riverains de la Méditerranée doivent s'entendre pour construire un avenir commun qui ne soit pas seulement celui que le destin et les événements choisiront de nous imposer. Alors, les sceptiques, Abdelaziz, et Dieu sait s'il y en a, doutent qu'une telle entreprise puisse réussir. Les sceptiques croient que les différences sont trop grandes, les fractures trop profondes. Tous ceux qui m'expliquaient : « C'est dur d'aller en Algérie. » Ah bon, pourquoi ? Ce n'est jamais que deux heures et demie d'avion ! Mais moi, je pose la question : ce que firent jadis les grands savants musulmans qui transmirent à l'Occident l'héritage de la Grèce qu'ils avaient sauvé de la destruction, eux l'ont réussi et nous, nous ne le pourrions pas ? Pourquoi le grand miracle andalou, pourquoi le miracle de Cordoue et celui de Grenade, ne pourraient-ils plus se reproduire ? Ils étaient donc plus intelligents, plus courageux que nous ? Pourquoi la diversité qui fut si longtemps le lot de Constantine, d'Alexandrie ou de Beyrouth, pourquoi cette diversité serait-elle devenue impossible ? Serions-nous si peu à l'image de ceux qui nous ont précédés ? Ils étaient ouverts, nous serions devenus sectaires. Alors qu'il n'a jamais été aussi facile de se déplacer et de communiquer, ce qu'ils ont fait avant-hier, nous ne serions pas capables de le faire pour demain ? Pourquoi les grandes religions monothéistes, dont j'affirme qu'elles sont des religions d'amour et non de haine, pourquoi donc seraient-elles incapables de vivre en paix les unes avec les autres ? Je n'ai pas l'intention que nous nous laissions imposer le calendrier et le bréviaire de tous les fanatiques du monde. Pourquoi la sagesse d'Abd el-Kader serait-elle hors de portée des croyants d'aujourd'hui ? Pourquoi les croyants d'aujourd'hui se laisseraient-ils manipuler ? Pourquoi le testament du père Christian sur cette terre d'Algérie n'amènerait-il pas les hommes de bonne volonté à préférer le pardon à la vengeance ? Pourquoi la paix et la fraternité seraient-elles plus difficiles entre nous, les peuples de la Méditerranée, qu'elles ne l'ont été dans l'après-guerre entre les peuples européens ? Croyez-vous que nous nous soyons moins battus en Europe qu'en Méditerranée ? Nous nous sommes tant combattus en Europe, pendant des siècles, et nous nous sommes combattus en Europe jusqu'à l'extrême limite de l'horreur. Et pourtant, nous nous sommes pardonné. L'Union de la Méditerranée, je ne l'ignore nullement, c'est un pari et c'est un défi. Un pari dicté par l'idéal autant que par la raison. Un pari qui n'est ni plus ni moins raisonnable que celui de l'Europe il y a soixante ans. Je fais le pari de la compréhension, du respect, de la solidarité et de l'amour. Je préfère ce pari-là à celui de la vengeance, des malentendus, de la haine, de la barbarie. Ce pari, la France est venue le proposer à l'Algérie. Ce pari, la France veut le gagner avec l'Algérie. Comme la France offrit jadis à l'Allemagne de construire l'Union de l'Europe sur l'amitié franco-allemande, la France est venue aujourd'hui proposer à l'Algérie de bâtir l'Union de la Méditerranée sur l'amitié franco-algérienne.

C'est parce qu'il y avait tant de douleurs à surmonter que ce que firent le chancelier Adenauer et le général de Gaulle eut une telle importance pour l'Europe. C'est parce qu'il y a tant de douleurs à surmonter que ce que vont faire ensemble l'Algérie et la France a tant d'importance pour ce qui va advenir de la Méditerranée. Vous savez, j'ai été élevé par mon grand-père. Il détestait les Allemands. Chez moi, on n'appelait pas les Allemands de ce nom-là. J'ai été élevé comme cela. Quand de Gaulle a dit avec Adenauer qu'il fallait pardonner et qu'il fallait regarder vers l'avenir, mon grand-père qui avait eu peur et qui avait tant souffert a suivi les hommes d'État qui proposaient la paix et non pas la vengeance.

Eh bien, croyez-moi, je n'ignore nullement les douleurs, les souffrances, les malheurs que votre peuple a ressentis. Mais je vous dis une chose : ce qu'il a été possible de faire en Europe, il est possible de le faire en Méditerranée.

Cette amitié entre nos deux peuples, elle ne peut reposer que sur la confiance. Il faut que l'Algérie et la France se fassent confiance. C'est difficile de dire cela et je n'ignore rien de tout ce qui se passe, mais il faut se faire confiance.

L'accord de coopération dans le nucléaire civil que nos deux pays ont conclu est la marque de cette confiance que la France fait à l'Algérie. Et, je le dis au nom de la France, le partage du nucléaire civil sera l'un des fondements du pacte de confiance que l'Occident doit passer avec le monde musulman. Parce qu'elles ont choisi de se faire confiance, l'Algérie et la France se sont mises d'accord pour réfléchir à la mise en œuvre d'une nouvelle politique d'immigration qui serait décidée ensemble. Il faut parler des questions qui fâchent. C'est la seule façon de surmonter des malentendus et des désaccords. Parce qu'elles se feront confiance, l'Algérie et la France permettront aux jeunesses de nos deux pays de pouvoir aller étudier plus facilement là où elles le souhaitent ; à ceux qui veulent aller rendre visite à leurs familles de mieux pouvoir le faire ; aux entrepreneurs, aux hommes d'affaires, aux chercheurs de circuler plus librement ; mais elle permettrait aussi de mieux lutter ensemble contre une immigration clandestine, ou de définir ensemble les incitations à mettre en place pour que l'élite de la jeunesse algérienne formée dans les écoles et les universités françaises soit encouragée à revenir en Algérie, parce que l'Algérie a besoin de l'intelligence, des compétences, de l'énergie et de l'imagination de ses jeunes élites.

Mais l'amitié, c'est la jeunesse qui la fera vivre.

Cette amitié, Abdelaziz, les gouvernants peuvent en faire le principe de leurs politiques mais, en fin de compte, cette amitié sera l'œuvre de la jeunesse algérienne et de la jeunesse française.

Puissent-elles, l'une et l'autre, comme la jeunesse française et la jeunesse allemande quand il s'est agi pour nos deux vieux pays si longtemps ennemis de se tourner vers l'avenir, puissent-elles se rapprocher, se connaître mieux, se lier davantage. Les jeunesses de nos deux pays ont ceci en commun que se pose à elles avec insistance l'angoissante question de leur avenir. Je voudrais que pour une partie au moins nous y répondions ensemble.

C'est pourquoi j'ai proposé au Président Bouteflika de réfléchir à la création d'une université commune franco-algérienne. Ce sera l'objectif aussi des pôles d'excellence communs composés d'universitaires, de chercheurs et de techniciens de nos deux pays que nous allons mettre en place dans la médecine, dans la microbiologie, dans l'eau, dans les énergies renouvelables ou les risques majeurs…

La France apportera son concours à la réforme des écoles d'ingénieurs qui va être mise en œuvre par le gouvernement algérien. La France continuera d'accueillir encore plus d'étudiants algériens dans ses écoles et dans ses universités. Mais le plus important peut-être serait, pour que les jeunesses de nos deux pays se lient davantage, que nous puissions un jour, Abdelaziz, créer une institution commune franco-algérienne de la jeunesse. Elle permettrait de faciliter les échanges d'écoliers, de lycéens, d'étudiants, de sportifs, d'organiser des événements, des rencontres. Elle pourrait servir de préfiguration à d'autres institutions du même genre autour de la Méditerranée et peut-être même à une institution méditerranéenne de la jeunesse qui pourrait s'inspirer de ce qui se fait déjà au sein de l'Union européenne entre tous les pays membres avec le programme Erasmus. Jeunes d'Algérie, depuis bien longtemps nos deux pays se mélangent. Depuis longtemps ce ne sont plus deux pays étrangers l'un à l'autre. Beaucoup d'entre vous apprennent le français et beaucoup d'entre vous rêvent de venir en France.

Il reste en Algérie 28 000 anciens combattants de la Seconde Guerre mondiale qui se sont battus pour la libération de la France et envers qui la France a une dette éternelle. La France n'oubliera jamais ce qu'ont fait les Algériens pour sa libération. La plupart des Algériens ont un membre de leur famille qui vit en France. Il y a en France presque un million d'Algériens officiellement enregistrés dont près de la moitié a la double nationalité. Des centaines de milliers de Français sont nés en Algérie.

Cette imbrication de nos deux peuples nous crée un devoir, un devoir de solidarité appelé à devenir toujours plus fort.

Cette solidarité, nous devons la refonder sur l'amitié et sur la confiance.

À la France, il appartient de repenser son modèle d'intégration.

À l'Algérie, il appartient de décider ce qu'elle veut faire avec la France et comment elle veut le faire. À chacun de nos deux pays, il appartient de respecter la mémoire de l'autre, et sans rien oublier, de regarder vers l'avenir.

À chacun de nos deux pays, il appartient de promouvoir la meilleure part de lui-même, la plus ouverte, la plus humaniste, la plus tolérante, sans renoncer à ce qu'il est.

Après bien des détours et des ruses de l'Histoire, la France et l'Algérie se trouvent en même temps confrontées au même défi. La France et l'Algérie ont besoin l'une et l'autre d'une nouvelle Renaissance. La France et l'Algérie ont besoin l'une et l'autre d'une politique de civilisation qui ne produise pas seulement des progrès matériels mais qui produise aussi des valeurs, qui produise aussi de l'identité, qui produise aussi une espérance, qui produise de la qualité et pas seulement de la quantité.

Je veux lancer ici à Constantine un appel pressant à l'Occident pour qu'il se dépouille de toute volonté de domination et qu'il cesse de croire qu'il est à lui seul toute la civilisation mondiale.

Je veux lancer le même appel pressant à tous ceux qui se reconnaissent dans un islam de progrès pour qu'il défende l'égalité de l'homme et de la femme, pour qu'il défende les droits de l'homme, pour qu'il défende le respect de la diversité, parce que ces principes, ces valeurs lui appartiennent aussi.

Je lance un appel à cet islam de progrès pour qu'il reconnaisse au peuple d'Israël qui a tant souffert le droit de vivre libre.

Je lance un appel au peuple d'Israël pour qu'il n'inflige pas au peuple palestinien la même injustice que celle qu'il a subie lui-même pendant tant de siècles. Je lance un appel aux dirigeants du peuple israélien et du peuple palestinien pour qu'ils saisissent la paix qui est aujourd'hui à portée de leurs mains s'ils savent se montrer capables de surmonter la haine qui se nourrit du souvenir de leurs malheurs respectifs. Je lance un appel à tous les peuples de la Méditerranée pour qu'ils s'unissent et que dans cette union ils mettent toute leur énergie et toutes leurs forces au lieu de les mettre à se combattre, et à se détester. Il n'y a pas d'avenir dans la haine. Et à vous, jeunes d'Algérie, je veux lancer un message d'amitié et de confiance. Faites vôtre ce grand rêve méditerranéen de fraternité qui attend depuis des siècles qu'une jeunesse ardente s'en empare et avec votre intelligence, avec votre vitalité, avec votre imagination vous changerez l'Algérie, vous changerez le monde. Vive l'Algérie ! Vive la France !

Discours du Président de la République François Hollande au Mémorial de la guerre d'Algérie, 19 mars 2016

Mesdames, Messieurs les ministres,

Il y a cinquante-quatre ans aujourd'hui, le cessez-le-feu était proclamé en Algérie en application des accords d'Évian. Après huit années d'une guerre douloureuse, les peuples français et algérien allaient chacun s'engager dans un nouvel avenir, dans de nouvelles frontières, dans de nouveaux rapports de part et d'autre de la Méditerranée.

Le 6 décembre 2012, j'ai promulgué comme président de la République la loi qui proclame le 19 mars « Journée nationale du souvenir et de recueillement à la mémoire des victimes civiles et militaires de la guerre d'Algérie et des combats en Tunisie et au Maroc ». Et je tenais aujourd'hui à donner une traduction à cette loi.

Le 19 mars est une date de l'Histoire, elle marque l'aboutissement d'un processus long et difficile de négociations pour sortir d'une guerre de décolonisation qui fut aussi une guerre civile. La signature des accords d'Évian fut une promesse de paix mais elle portait aussi en elle, et nous en sommes tous conscients, les violences et les drames des mois qui ont suivi. Le 19 mars 1962, ce n'était pas encore la paix, c'était le début de la sortie de la guerre dont l'Histoire nous apprend qu'elle est bien souvent la source de violence, ce qui fut tragiquement le cas en Algérie avec des représailles, des vengeances, des attentats et des massacres.

Néanmoins, le 19 mars annonce la fin du conflit et c'est pourquoi ce sont les mémoires de toutes les victimes qui sont reconnues.

Il y a le 19 mars des Algériens qui s'étaient battus pour l'indépendance de leur pays, laquelle sera proclamée le 3 juillet.

Il y a le 19 mars des appelés qui venaient d'effectuer parfois plus de deux ans de service en Algérie et pour lesquels cette date signifiait la certitude du départ, du retour dans l'Hexagone.

Il y a le 19 mars de l'Armée Française qui voyait bientôt s'achever une guerre qui n'avait jamais dit son nom et qui l'avait profondément déchirée.

Il y a le 19 mars des Français d'Algérie qui se souviennent de cette date comme d'un jour de détresse car signifiant la fin d'un monde, en tout cas de leur monde et le départ d'une terre qu'ils considéraient comme la leur.

Il y a le 19 mars des troupes supplétives de l'Armée Française, les Harkis, pour lesquelles le cessez-le-feu était lourd de menaces, pour eux et pour leurs familles, et qui ont été dramatiquement abandonnés par la France comme je l'ai reconnu le 25 septembre 2012.

Il y a le 19 mars des Français de métropole qui avaient vécu au rythme des troubles pendant huit ans et qui, le 8 avril 1962, approuvèrent par plus de 90 % de suffrages le contenu des accords d'Évian, voulus par le général de Gaulle et fruits d'un long processus.

La guerre d'Algérie aura duré huit ans, de la Toussaint de 1954 aux tragédies d'Oran de juillet 1962. Elle était la dernière page de l'histoire de l'empire colonial français. De 1830 à 1962, d'abord en Algérie puis dans le reste de l'Afrique et en Extrême-Orient, la France a construit un système injuste car fondé sur l'inégalité des conditions, des statuts et des droits, le système colonial qui niait les aspirations des peuples à décider d'eux-mêmes.

Un régime d'exploitation des ressources de ces territoires mais où aussi, des hommes et des femmes s'attachaient sincèrement à vouloir apporter le progrès. Je pense à ces instituteurs, ces médecins, ces commerçants, ces agriculteurs, ces fonctionnaires qui se sont attachés à mettre en valeur ce que l'on appelait alors la France d'outre-mer.

Pendant toutes ces années, des liens humains se sont créés, se sont formés avec une solidarité dans les épreuves. Aussi lorsque la France fut attaquée en 1914 comme en 1939, c'est côte à côte que les soldats de métropole, l'armée d'Afrique et les troupes coloniales ont versé le sang, leur sang, pour défendre la patrie en danger. De Douaumont à Monte Cassino, ces combattants de toutes origines ont alors défendu les mêmes principes, y compris celui de l'émancipation et c'est pourquoi la France leur rend toujours hommage lorsqu'elle commémore les deux guerres mondiales.

Mais le système colonial contenait en lui-même sa propre fin.

La Seconde Guerre mondiale et surtout la Libération ont levé une espérance irrépressible pour l'émancipation des peuples et rendaient inéluctable la décolonisation. Et faute d'avoir pleinement compris ce processus, ce mouvement de l'Histoire, la IVe République en paya lourdement le prix. La guerre d'Indochine n'était pas achevée que débutaient les troubles en Tunisie et au Maroc. Ils aboutiront en 1956 à l'indépendance de ces deux pays qui sont aujourd'hui des pays amis et nous saluerons avec cette année le soixantième anniversaire de leur accession à la pleine souveraineté.

Et puis il y a ce 1er novembre 1954. Le début de la guerre d'Algérie. Huit années terribles. Huit années qui ont vu le déplacement de millions de gens, huit années de combats, d'attentats, d'exactions, d'enlèvements, de tortures et de répressions qui ont causé la mort de plusieurs centaines de milliers d'Algériens et de plusieurs dizaines de milliers de Français, soldats qui étaient partis mobilisés appelés, rappelés parce que c'était leur devoir. Huit années d'une guerre qui, longtemps, comme je l'ai dit, n'a pas osé dire son nom mais en contenait toutes les horreurs. Huit années qui ont profondément marqué la France et même provoqué un changement de République. Huit années qui ont endeuillé aussi terriblement l'Algérie. Huit années qui ont déchiré de nombreuses familles d'un côté ou de l'autre de la Méditerranée.

C'est vrai que jamais aucune date ne pourra résumer à elle seule la variété de ces situations. C'est pourquoi la France en a officiellement dédié trois au souvenir de cette période : le 19 mars, le 25 septembre, le 5 décembre puisque c'était le jour de l'inauguration de ce Mémorial, je voulais le rappeler.

Le sens de la Journée nationale du 19 mars, c'est de rendre hommage à toutes les victimes civiles ou militaires qui sont tombées durant la guerre d'Algérie et les combats du Maroc et de la Tunisie. Le sens de la Journée nationale du 19 mars, c'est d'honorer toutes les douleurs et de reconnaître toutes les souffrances.

Celle des appelés du contingent, des militaires de carrière, des membres des forces supplétives ou assimilées, des forces de l'ordre originaires de métropole, 1,5 million de jeunes soldats envoyés de l'autre côté de la Méditerranée, 60 000 furent blessés, près de 30 000 ne sont jamais revenus, tués ou disparus. J'ai une pensée pour eux en cet instant, oui.

C'est aussi les souffrances des civils de toutes origines, de toutes confessions, victimes d'exactions, fauchés par un attentat ou assistant, impuissants, à la destruction de leur maison, de leur village. Les souffrances aussi des Français d'Algérie exilés, rapatriés dans la hâte, privés de tout, de leurs biens, mais surtout de leurs racines.

Souffrances des Harkis, pourchassés en Algérie, abandonnés par la patrie qui les avait appelés, accueillis dans des conditions indignes en France avant que notre pays ne reconnaisse leur sacrifice et ne leur apporte la réparation à laquelle ils ont droit.

Drame aussi des disparus, de ces hommes, de ces femmes-là aussi de toutes origines dont la trace s'est perdue dans la guerre. Je sais à quel point cette question est douloureuse pour les familles concernées. La France et l'Algérie travaillent ensemble pour continuer à lever le voile sur le sort de ces victimes.

Enfin, je pense aussi aux immigrés qui étaient en France durant la guerre d'Algérie et qui ont vécu à distance une guerre qui les déchirait ; ils ont alors connu la suspicion, parfois la répression la plus brutale comme le 17 octobre 1961.

Cinquante-quatre années après la guerre d'Algérie, cette mémoire ou plutôt ces mémoires demeurent encore vives. Derrière chacune d'entre elles, il y a une famille, il y a des survivants, il y a des descendants, il y a une plaie qui ne s'est jamais complètement refermée, d'où le sens aussi de cette cérémonie de rappeler toutes les mémoires pour les réconcilier.

Cette mémoire, elle vit aussi dans des lieux. À Marseille qui était le port de départ des appelés du contingent pour l'Algérie, le port d'arrivée des rapatriés à partir de 1962. Le souvenir vit aussi dans des centaines de villes de France dont les habitants ont en partage l'Algérie. La mémoire vit aussi à travers des monuments qui ont été édifiés : à Sète où a été bâti le mémorial en hommage aux Héraultais morts pour la France dans des combats d'Afrique du Nord et dans la guerre d'Algérie ; à Montredon-Labessonnié dans le Tarn qui accueille un mémorial aux victimes d'Afrique du Nord mortes pour la France construit symboliquement avec des pierres venues de tous les départements.

Il y a en France 4 000 lieux, places ou rues qui portent la date du 19 mars 1962.

Cette mémoire vit enfin à travers tous les enfants de ces millions de Français dont les racines étaient en Algérie mais aussi au Maroc, en Tunisie et qui apportent aujourd'hui cet héritage dans le creuset national.

D'où l'enjeu de la paix des mémoires pour les reconnaître toutes et n'en occulter aucune. Pour faire du souvenir douloureux de la guerre d'Algérie qui a divisé et meurtri un facteur de réconciliation et de rassemblement. Pour rappeler que pendant un siècle, la France et l'Algérie ont partagé la même histoire et que nous sommes capables de la regarder en face pour bâtir une relation qui restera toujours singulière et qui doit toujours être à la hauteur des responsabilités qui sont les nôtres, celles de la France et de l'Algérie.

Il s'agit de dire ce qui a été, de comprendre ce qui nous a séparés, pour réaliser ce qui aujourd'hui nous réunit. Faire la paix des mémoires, cela veut dire à tous les Français qui ont l'Algérie en partage que nous sommes ensemble, qu'il y a des lieux, des signes, des symboles qui nous permettent de comprendre comment ils peuvent inscrire leur parcours personnel dans notre destin national et combien leur présence est une chance pour la République.

Pour faire ce travail de mémoire et de transmission, nous avons besoin aussi de rassembler toutes les collections, toutes les traces, tous les éléments qui nous permettent de connaître ce qui a été – je pense notamment aux collections qui ont été réunies à Montpellier mais aussi aux expositions temporaires qui ont été réalisées, celles que le musée de l'Armée a accueillies en 2012 sur la guerre d'Algérie, celle que le MuCEM à Marseille accueille en ce moment même sur la représentation de l'Algérie par les cartes ; il y a aussi de nombreuses archives qui restent à exploiter – pour ces documents et pour le rassemblement de toutes ces collections une mission sera constituée ; il lui reviendra de nous dire si ce projet de réunion de toutes ces pièces, de tous ces documents peut s'incarner dans une institution nouvelle ou peut trouver son siège dans un lieu existant.

L'école doit également être mobilisée. L'Office national des anciens combattants et des victimes de guerre lancera cette année un programme global « Histoire commune et mémoire partagée de la guerre d'Algérie ». Ce programme comportera une exposition et permettra également des interventions dans les classes de témoins de la guerre d'Algérie – il y en a de nombreux ici – en appui aux enseignements d'histoire et de morale civique.

Je veux également encourager la recherche historique sur la guerre d'Algérie comme sur la présence de la France en Algérie. Je sais le travail que mènent les historiens ; ce sont eux qui nous permettent justement d'arriver à ce travail de mémoire qui nous donne l'espérance de ce rassemblement et de cette réconciliation.

Depuis 2008, nos archives sur cette période sont pour l'essentiel ouvertes mais ici, je le dis, elles devront l'être entièrement, ouvertes et mises à la disposition de tous les citoyens.

Leur accès sera facilité par la mise en ligne de toutes ces ressources. Vous savez qu'il existe un portail général qui s'appelle « France Archives », qui doit permettre de numériser toutes les archives écrites et audiovisuelles. Je souhaite que les archives relatives à la guerre d'Algérie et aux combats de Tunisie et du Maroc soient traitées en priorité.

De même, un programme de recueil de témoignages, de témoins, d'acteurs de cette période sera lancé cette année afin que tout soit conservé, que la mémoire soit enregistrée, entretenue, grâce encore à la présence des survivants de cette période.

En 2016 également, une « Grande Collecte » des archives privées – et je sais que beaucoup d'associations en ont à leur disposition à travers les membres de leurs associations – oui, je demande que cette Grande Collecte puisse être consacrée au souvenir de la France d'outre-mer, de l'Algérie, du Maroc, de la Tunisie, car nous avons besoin de rassembler ces documents pour continuer à faire l'histoire et à donner à notre mémoire tous les éléments, tous les ingrédients qui font qu'elle est partagée.

Entre la France et l'Algérie, il y a une amitié et je salue tous les projets franco-algériens qui témoignent de la vitalité des relations entre nos deux pays dans le domaine économique, scientifique et politique. Nous savons le rôle que joue l'Algérie dans la région et je n'oublie pas la force des liens qui nous unissent également avec le Maroc et avec la Tunisie. La Tunisie, ce pays si durement touché par le terrorisme, le terrorisme qui menace d'ailleurs toute la région comme il nous menace et c'est pourquoi nous devons aussi, en ce moment même, partager là encore les valeurs qui sont les nôtres pour nous défendre communément et lutter partout contre le terrorisme.

Je veux également saluer les échanges culturels, ce que font nos artistes, nos écrivains, nos intellectuels, nos historiens et ils le font à travers la langue française qui continue de nous attacher les uns les autres et notamment les pays du Maghreb et la France.

Mesdames et Messieurs, en décidant de faire du 19 mars la Journée nationale du souvenir et du recueillement à la mémoire des victimes civiles et militaires de la guerre d'Algérie et des combats en Tunisie et au Maroc, le Parlement a voulu que toutes ces mémoires soient évoquées et que toutes les victimes soient honorées. Les victimes françaises et les victimes algériennes, les victimes civiles et les victimes militaires, les victimes d'avant le 19 mars et les victimes qui sont mortes après le 19 mars et puis aussi tous ceux qui ont survécu et qui portent encore douloureusement le souvenir de cette guerre et de ses combats.

La grandeur d'un pays se mesure à sa capacité à regarder son histoire, à ne pas en cacher des éléments pour en glorifier d'autres qui seraient inutiles, c'est de prendre l'histoire pour ce qu'elle est, pour ce qu'elle nous apprend, pour les leçons qu'il convient communément d'en tirer. Oui, de convoquer l'histoire, non pas pour nous diviser mais pour nous réunir. La grandeur d'un pays, c'est d'être capable de réconcilier toutes les mémoires et de les reconnaître. Alimenter la guerre des mémoires, c'est rester prisonnier du passé ; faire la paix des mémoires, c'est regarder vers l'avenir.

C'est ce message d'unité et de paix, de rassemblement aussi que j'entendais, aujourd'hui en ce 19 mars, délivrer devant vous.

Vive la République et vive la France !

Déclaration du Président de la République française, Emmanuel Macron, à propos de Maurice Audin

13 septembre 2018

Au soir du 11 juin 1957, Maurice Audin, assistant de mathématiques à la Faculté d'Alger, militant du Parti communiste algérien (PCA), est arrêté à son domicile par des militaires. Après le déclenchement de la guerre par le Front de libération nationale (FLN), le PCA, qui soutient la lutte indépendantiste, est dissous et ses dirigeants sont activement recherchés. Maurice Audin fait partie de ceux qui les aident dans la clandestinité.

Tout le monde sait alors à Alger que les hommes et les femmes arrêtés dans ces circonstances ne reviennent pas toujours. Certains sont relâchés, d'autres sont internés, d'autres encore sont remis à la justice, mais nombre de familles perdent la trace d'un des leurs cette année-là dans la future capitale algérienne. Les « disparitions », qu'on déplore du reste de tous côtés pendant le conflit, se comptent bientôt par milliers.

Aussi, Josette Audin, restée seule avec trois jeunes enfants, retenue plusieurs jours dans son appartement, se démène dès qu'elle le peut pour tenter de savoir où son mari est détenu. Le commandement militaire lui livre alors ce qui allait rester pour des décennies la version officielle : son mari s'est évadé. La réponse est couramment faite aux familles en quête d'informations. La plainte pour enlèvement et séquestration qu'elle dépose alors achoppe, comme d'autres, sur le silence ou le mensonge des témoins-clés qui font obstruction à l'enquête. Celle-ci est définitivement close en 1962 par un non-lieu, en raison des décrets d'amnistie pris à la fin de la guerre d'Algérie, qui ont mis fin à toute possibilité de poursuite.

Maurice Audin n'a jamais réapparu et les circonstances exactes de sa disparition demeurent floues. Le récit de l'évasion qui figure dans les comptes rendus et procès-verbaux officiels souffre de trop de contradictions et d'invraisemblances pour être crédible. Il s'agit manifestement d'une mise en scène visant à camoufler sa mort. Les éléments recueillis au cours de l'instruction de la plainte de Josette Audin ou auprès de témoins indiquent en revanche avec certitude qu'il a été torturé.

Plusieurs hypothèses ont été formulées sur la mort de Maurice Audin. L'historien Pierre Vidal-Naquet a défendu, sur la foi d'un témoignage, que l'officier de renseignement chargé d'interroger Maurice Audin l'avait lui-même tué. Paul Aussaresses et d'autres ont affirmé qu'un commando sous ses ordres avait exécuté le jeune mathématicien. Il est aussi possible qu'il soit décédé sous la torture.

Quoi qu'il en soit précisément, sa disparition a été rendue possible par un système dont les gouvernements successifs ont permis le développement : le système appelé « arrestation-détention » à l'époque même, qui autorise les forces de l'ordre à arrêter, détenir et interroger tout « suspect » dans l'objectif d'une lutte plus efficace contre l'adversaire.

Ce système s'est institué sur un fondement légal : les pouvoirs spéciaux. Cette loi, votée par le Parlement en 1956, a donné carte blanche au gouvernement pour rétablir l'ordre en Algérie. Elle a permis l'adoption d'un décret autorisant la délégation des pouvoirs de police à l'armée, qui a été mis en œuvre par arrêté préfectoral, d'abord à Alger, puis dans toute l'Algérie, en 1957.

Ce système a été le terreau malheureux d'actes parfois terribles, dont la torture, que l'affaire Audin a mis en lumière. Certes, la torture n'a pas cessé d'être un crime au regard de la loi, mais elle s'est alors développée parce qu'elle restait impunie. Et elle restait impunie parce qu'elle était conçue comme une arme contre le FLN, qui avait lancé l'insurrection en 1954, mais aussi contre ceux qui étaient vus comme ses alliés, militants et partisans de l'indépendance ; une arme considérée comme légitime dans cette guerre-là, en dépit de son illégalité.

En échouant à prévenir et à punir le recours à la torture, les gouvernements successifs ont mis en péril la survie des hommes et des femmes dont se saisissaient les forces de l'ordre. En dernier ressort, pourtant, c'est à eux que revient la responsabilité d'assurer la sauvegarde des droits humains et, en premier lieu, l'intégrité physique de celles et de ceux qui sont détenus sous leur souveraineté.

Il importe que cette histoire soit connue, qu'elle soit regardée avec courage et lucidité.

Il en va de l'apaisement et de la sérénité de ceux qu'elle a meurtris, dont elle a bouleversé les destins, tant en Algérie qu'en France. Une reconnaissance ne guérira pas leurs maux. Il restera sans doute de l'irréparable en chacun mais une reconnaissance doit pouvoir, symboliquement, délester ceux qui ploient encore sous le poids de ce passé. C'est dans cet esprit, en tout cas, qu'elle est pensée et aujourd'hui formulée.

Il en va aussi de l'honneur de tous les Français qui, civils ou militaires, ont désapprouvé la torture, ne s'y sont pas livrés ou s'y sont soustraits, et qui, aujourd'hui comme hier, refusent d'être assimilés à ceux qui l'ont instituée et pratiquée.

Il en va de l'honneur de tous les militaires morts pour la France et plus généralement de tous ceux qui ont perdu la vie dans ce conflit.

Il en va enfin du devoir de vérité qui incombe à la République française, laquelle dans ce domaine comme dans d'autres doit montrer la voie, car c'est par la vérité seule que la réconciliation est possible et il n'est pas de liberté, d'égalité et de fraternité sans exercice de vérité.

La République ne saurait, par conséquent, minimiser ni excuser les crimes et atrocités commis de part et d'autre durant ce conflit. La France en porte encore les cicatrices, parfois mal refermées.

Aussi le travail de mémoire ne s'achève-t-il pas avec cette déclaration. Cette reconnaissance vise notamment à encourager le travail historique sur tous les disparus de la guerre d'Algérie, français et algériens, civils et militaires.

Une dérogation générale, dont les contours seront précisés par arrêtés ministériels après identification des sources disponibles, ouvrira à la libre consultation tous les fonds d'archives de l'État qui concernent ce sujet.

Enfin, ceux qui auraient des documents ou des témoignages à livrer sont appelés à se tourner vers les Archives nationales pour participer à cet effort de vérité historique.

L'approfondissement de ce travail de vérité doit ouvrir la voie à une meilleure compréhension de notre passé, à une plus grande lucidité sur les blessures de notre histoire, et à une volonté nouvelle de réconciliation des mémoires et des peuples français et algérien.

ANNEXE 2

Quelques signes de coopération entre les sociétés civiles

– Le groupe d'amitié France-Algérie de l'Assemblée nationale, aujourd'hui présidé par Mme Fadila Khattabi, députée de la Côte-d'Or, joue un grand rôle dans l'animation des liens entre la France et l'Algérie sur la longue durée. Jean-Pierre Chevènement y a joué un grand rôle pendant de nombreuses années.

– Dès 1972-1973, une première convention interuniversitaire a été lancée entre Grenoble et Constantine avec Mohamed Seddik Benyahia et Abdelhak Bererhi du côté algérien ; Jean-Louis Quermonne et Georges Morin, du côté français. Ce programme a fonctionné plus de dix années. En octobre 1999, une coopération décentralisée franco-algérienne a été lancée avec Abdelmalek Sellal et Brahim Djeffal, du côté algérien ; Bernard Stasi et Georges Morin pour la partie française, avec l'appui d'Hubert Védrine et de Jean-Pierre Chevènement. Ce programme extrêmement actif jusqu'en 2009 a peu à peu disparu. Au printemps 2007, une opération est lancée dans le cadre de cette coopération décentralisée, un « programme concerté pluri-acteurs » (PCPA), soutenu par l'AFD. Ce programme visait à renforcer les associations jeunesse et enfance d'Algérie par la coopération avec leurs homologues françaises. Programmée pour 2019, elle n'a pas survécu à l'après-« Hirak ».

– Dans les années 1980, l'association Coup de soleil, lancée par un groupe de personnes originaires d'Algérie, organise chaque année le Maghreb des livres, à Paris, qui connaît un très grand succès. De nombreux auteurs algériens, français sont venus à cette occasion signer leurs livres, ou participer à des débats, autour du passé ou de l'avenir de l'Algérie.

– La Société franco-algérienne de psychiatrie (SFAP) est née le 25 février 2002, à l'initiative de psychiatres français et algériens. Sous la direction des docteurs Amine Benyamina et Mohammed Taleb, elle a organisé plusieurs rencontres et initiatives entre les deux rives de la Méditerranée. Elle a ainsi organisé le 11 octobre 2017 à l'auditorium de l'hôpital européen Georges-Pompidou à Paris un colloque consacré aux aspects mémoriels liés aux traumatismes de la guerre d'Algérie. L'objectif était de traiter des traumatismes de la mémoire et de la mémoire des traumatismes en croisant divers regards sur la question : ceux d'historiens, d'universitaires, de psychiatres, d'écrivains, de neuropsychologues.

– Dans les années 2000, une association, Les Amis du cimetière de Saint-Eugène d'Alger, a été créée avec Jean-Paul Durand (comme président), Jean-Paul Seror (vice-président), et Luc Migueres (vice-président). On estime à 250 000 le nombre de Français inhumés dans la nécropole. Le cimetière chrétien, créé en 1836, et le cimetière israélite, créé en 1849, sont contigus. L'ensemble s'étend sur 18 hectares. Dans sa lettre d'information, en date de juillet 2020, on peut lire que « en mars 2020 le directeur du site M. Keddouche nous avait annoncé le lancement d'une expertise portant sur la restauration des bâtisses principales du cimetière israélite (le monument aux morts, le mausolée des rabbanim et l'ossuaire des grands rabbins). Nous avons à plusieurs reprises dénoncé leur état extrêmement inquiétant de dégradation. Le consulat confirme la réalisation de cette expertise. Ces monuments ayant une architecture et une décoration intérieure très particulières, nous sommes préoccupés par la nature et la forme des travaux qui seront effectués. Nous avons donc demandé à avoir accès à cette expertise de façon à soumettre ce dossier, à titre informatif, à un architecte spécialiste du patrimoine ».

– Depuis les années 2000, l'AJOC (Association des juifs originaires du Constantinois), présidée par le professeur Marc Zerbib et animée par Jacques Nakache, membre du conseil d'administration de Morial (association des juifs d'Algérie), est responsable d'une mission de grande portée mémorielle : préserver le cimetière juif de Constantine, situé en hauteur et en périphérie de la cité, pour faire en sorte que soient évitées des vandalisations ou profanations éventuelles.

– En 2004, au moment de percevoir leur pension d'anciens combattants de la guerre d'Algérie, quatre agriculteurs du Tarn s'unissent pour déclarer : « Nous sommes quatre anciens appelés en Algérie. À cette époque, nous les gars du contingent, nous n'avons rien dit. Nous n'avons pas eu le courage de hurler notre désaccord au monde. Aujourd'hui, bien que percevant de modestes retraites, nous avons décidé de refuser pour nous-mêmes la pension liée à la retraite du combattant et de la reverser à des populations qui souffrent de la guerre ou à des organismes qui œuvrent pour la paix. Ce que nous avons vu et vécu en Algérie, l'inutilité de ce conflit, la conscience de l'horreur de la guerre, le désir de transmettre cette mémoire aux jeunes générations, nous poussent à cette démarche. Dans cet esprit, nous venons de créer l'AAAACG. L'Association des anciens appelés en Algérie contre la guerre. » L'association est intervenue dans les établissements d'enseignement, en y associant d'autres protagonistes de ce conflit : moudjahidine, pieds-noirs, parfois harkis... Depuis 2004, ce sont plusieurs centaines de ces rencontres auxquelles ont participé, à travers toute la France, un grand nombre de jeunes.

– L'Association nationale des pieds-noirs progressistes et leurs amis, présidée par Jacques Pradel, a pour but de contribuer par des témoignages à l'écriture d'une histoire « lucide et dépassionnée de la France en Algérie, dans la complexité des moments et des parcours individuels ». Fondée en 2008, cette association entend « œuvrer à la réconciliation de nos deux pays, au renforcement de l'amitié entre les peuples des deux rives de la Méditerranée ; et lutter en France contre le racisme et la xénophobie ».

– L'association Mémoire du camp du Logis d'Anne, dont le président est Kamel Sadji, porte depuis plusieurs années un projet de Conservatoire national de la mémoire des harkis au camp du Logis d'Anne à côté d'Aix-en-Provence. Entre le musée mémorial et le centre de réflexion, ce projet reçoit le soutien de nombreux acteurs publics, dont les maires de Marseille, d'Aix-en-Provence, de Jouques, de la région PACA, et de l'État par le préfet de Région. Au-delà d'un encouragement moral, aucun concours financier n'est encore assuré. Un tel projet veut allier la mémoire des harkis pris dans la grande histoire de la décolonisation, le souvenir de la vie précaire d'une petite communauté dans le camp du Logis d'Anne, près d'Aix-en-Provence, pendant une trentaine d'années, si emblématique du sort qui leur a été fait dans l'ensemble du territoire national, mais aussi de celui qui est souvent imposé aux peuples migrants pris dans les tourmentes de guerres et de conflits qui les dépassent.

– Dans le même registre de défense des droits de la « communauté harkie », une association dirigée par François Gérard entend insister sur la spécificité des hameaux, lieux d'arrivée de petites communautés harkies dans les années 1960, en proposant l'inscription suivante sur des stèles : « La République française reconnaissante rappelle et honore le sacrifice des harkis et des harkettes dans la défense des valeurs fondamentales de liberté, d'égalité et de fraternité. Elle s'incline devant la souffrance des familles et rend hommage au parcours et à l'œuvre accomplis dans les hameaux de forestage au service de la nation. »

– Interventions et décisions de municipalités. La mémoire vit aussi à travers des monuments qui ont été édifiés : par exemple à Sète où a été bâti le mémorial en hommage aux Héraultais morts pour la France dans des combats d'Afrique du Nord et dans la guerre d'Algérie ; à Montredon-Labessonnié dans le Tarn qui accueille un mémorial aux victimes d'Afrique du Nord morts pour la France construit symboliquement avec des pierres venues de tous les départements. Et il y a en France plusieurs centaines de lieux, places ou rues qui portent la date du 19 mars 1962[1].

– L'Agence française de développement est la seule institution de développement à avoir maintenu constamment une présence dans le pays, y compris durant les années de terrorisme (la « décennie sanglante »). Lorsque l'Algérie a décidé à partir de 2005 de ne plus recourir à l'endettement externe, elle a remboursé par anticipation toutes les institutions, à l'exception de l'AFD auprès de laquelle elle honore encore aujourd'hui régulièrement ses échéances de remboursement.

– En 2016, l'Office national des combattants et victimes de guerre inaugure un programme d'actions de mémoires et de pédagogies sur l'histoire et les mémoires de la guerre d'Algérie. Il s'agit d'un vaste programme, dans les territoires, à destination des enseignants et des jeunes. Parmi les différentes actions structurantes, un programme de témoignages à quatre voix mérite une attention particulière. Il associe un ancien

1. Voir sur ce point « Mémoriaux départementaux », par la commission Histoire-Mémoire, présidée par Serge Drouot de la FNACA qui édite en 2012 un inventaire de 79 mémoriaux érigés dans l'Hexagone.

membre des formations supplétives, un ou une rapatrié(e), un ancien appelé ou engagé et un ancien militant de l'indépendance algérienne qui témoignent ensemble devant des classes du secondaire. En cinq années d'existence, 150 séances de témoignages ont déjà été organisées et ont touché 6 500 élèves.

ANNEXE 3

Quatrième session du Comité intergouvernemental de haut niveau franco-algérien (CIHN)

Paris, 7 décembre 2017
Communiqué conjoint

1. À la suite de la visite de Son Excellence M. Emmanuel Macron, président de la République française en Algérie le 6 décembre 2017, et en application de la Déclaration d'Alger sur l'amitié et la coopération entre l'Algérie et la France, signée le 20 décembre 2012, à Alger, à l'occasion de la visite d'État en Algérie du président François Hollande, la quatrième session du Comité intergouvernemental de haut niveau (CIHN) s'est tenue, le 7 décembre 2017, à Paris, sous la coprésidence de M. Édouard Philippe, Premier ministre de la République française, et Ahmed Ouyahia, Premier ministre de la République algérienne démocratique et populaire.
2. Cette session, à laquelle ont pris part plusieurs membres des gouvernements algérien et français, a été l'occasion pour les deux parties de dresser un bilan des progrès réalisés dans la feuille de route bilatérale retenue lors de la troisième session du CIHN, tenue le 10 avril 2016, à Alger, et de dégager de nouvelles perspectives de coopération dans l'ensemble des domaines, à même de hisser la relation bilatérale à un partenariat d'exception que les deux parties ambitionnent de construire.
3. Les deux parties ont réaffirmé leur volonté de hisser le partenariat économique et industriel entre l'Algérie et la France au niveau d'excellence de leurs relations poli-

tiques et se sont félicitées de la réussite de la quatrième session du Comité mixte économique franco-algérien (COMEFA), tenue à Alger, le 12 novembre 2017, qui a été couronnée par la signature de trois accords de partenariat dans les domaines de l'automobile, l'énergie et l'agroalimentaire.

4. Les deux parties ont procédé à la signature à l'occasion de la quatrième session du CIHN des accords cités en annexe.

5. Les deux parties se sont félicitées des résultats découlant des visites à très haut niveau et des nombreux échanges de responsables parlementaires et gouvernementaux des deux pays. Ces échanges reflètent l'excellence du dialogue politique entre les deux pays et leur volonté partagée d'approfondir la concertation sur les questions régionales et internationales d'intérêt commun.

6. Les deux parties ont noté avec satisfaction la tenue à Alger, le 25 septembre 2017, de la quatrième session du comité de suivi du CIHN, au niveau des secrétaires généraux des ministères des Affaires étrangères des deux pays. Elles sont convenues que la prochaine session se tiendra à Paris.

Paix et sécurité

7. Les deux parties sont convenues de continuer à soutenir activement la médiation menée par M. Ghassan Salamé, représentant spécial du secrétaire général des Nations unies, dont elles saluent le travail. La médiation des Nations unies est la seule à même d'apporter la stabilité en Libye et de préserver sa souveraineté, son intégrité territoriale et l'unité de son peuple. Elles se sont félicitées des contacts établis entre les deux chambres, sous l'égide des Nations unies, en vue d'amender l'accord politique

libyen et sont convenues de poursuivre leur échange régulier sur la crise libyenne.

8. Passant en revue la situation au Mali, les deux parties ont noté avec satisfaction l'évolution positive du processus de paix à la suite de la signature de l'Accord pour la paix et la réconciliation au Mali, issu du Processus d'Alger, et ont souligné la nécessité de la mise en œuvre diligente et intégrale de l'Accord, avec l'appui politique, technique et financier de la communauté internationale, en vue de permettre un règlement durable de la crise qui affecte le Mali.
À cet égard, elles ont exprimé leur préoccupation à l'égard des retards pris dans l'application de l'Accord et ont appelé les parties à s'engager pleinement et de bonne foi et à assumer leurs responsabilités respectives dans un esprit de coopération et en toute sincérité en vue de la concrétisation des engagements auxquels elles ont souscrit.
Elles ont également appelé à une implication plus active et à une appropriation effective par les parties du processus de mise en œuvre de l'Accord de paix.
Elles se sont félicitées de la poursuite de l'implication internationale en appui au Mali et ont affirmé, par ailleurs, leur soutien au représentant spécial du secrétaire général des Nations unies et chef de la MINUSMA, M. Mahamat Saleh Annadif, dans l'accomplissement de sa mission.

9. Les deux parties, préoccupées par la situation sécuritaire qui prévaut au niveau de la bande sahélo-saharienne, caractérisée par la prolifération de la criminalité organisée sous toutes ses formes, et sa conjonction avec le terrorisme transnational auquel elle offre un terreau fertile visant à déstabiliser la région de l'Afrique du Nord et du bassin occidental de la Méditerranée, ont manifesté le souhait de renforcer significativement la coopération pour faire face aux différentes menaces, en particulier le terrorisme.

10. Les deux parties ont également noté avec satisfaction le bon niveau de coopération bilatérale militaire et sécuri-

taire et réitéré leur souhait de poursuivre cette dynamique positive dans l'intérêt des deux pays et d'approfondir leur coopération.

Dimension humaine

11. Les deux parties ont souligné l'importance de la dimension humaine en ce qu'elle constitue un élément central et structurant de la relation bilatérale et sont convenues de poursuivre les efforts entrepris de part et d'autre pour améliorer davantage les conditions pratiques de la mobilité et du séjour des Algériens en France et des Français en Algérie.
12. Les deux parties se sont félicitées de la dynamique des mobilités légales entre les deux pays qui contribuent au renforcement des échanges humains, universitaires et économiques. À ce titre, les deux parties se félicitent de la signature de l'accord relatif aux échanges de jeunes actifs en octobre 2015 et considèrent que son entrée en vigueur prochaine donnera un signal fort et nouveau de la volonté des deux gouvernements d'aller de l'avant dans ce domaine. Les deux parties se félicitent de la coopération bilatérale en matière de régulation de la circulation des personnes et conviennent de poursuivre et d'approfondir cette coopération dans l'esprit positif qui les a toujours animées.
13. Les deux parties ont pris note des progrès enregistrés sur la question des biens immobiliers appartenant aux ressortissants français restés en Algérie après l'indépendance, et propriétaires légaux de biens immobiliers dans l'exercice de leurs droits de propriété, et ont invité le groupe de travail mixte mis en place à cet effet à poursuivre l'examen des cas qui lui sont soumis par une prochaine réunion en vue d'un règlement définitif sur ce dossier.
14. Les deux parties se félicitent du niveau de la coopération judiciaire entre les deux pays, reposant notamment

sur de multiples jumelages institutionnels et des échanges en matière d'expertise et de formation des personnels de justice. Les deux parties envisagent de continuer dans la même voie en approfondissant les jumelages, particulièrement entre cours, et en poursuivant les échanges d'expériences dans le domaine des réformes judiciaires et de la modernisation de la justice.

15. Les deux parties se félicitent de leur coopération dans le domaine de l'entraide judiciaire en matière pénale et de l'accord trouvé sur la garantie peine de mort dans la convention relative à l'extradition judiciaire. Elles s'engagent pour sa signature dans les meilleurs délais, ainsi qu'à poursuivre les discussions sur le projet de convention d'entraide en matière civile.
16. Les deux parties ont souligné la nécessité de poursuivre, dans l'intérêt supérieur des enfants issus de couples mixtes, les réunions annuelles du groupe d'experts sur les déplacements illicites d'enfants issus de couples mixtes et l'exercice des droits de visite transfrontaliers. Elles se sont engagées à poursuivre leur coopération pour protéger et préserver les droits des enfants concernés.
17. Les deux parties se sont félicitées de la poursuite des actions communes menées dans le cadre des commémorations des deux conflits mondiaux permettant de rappeler notamment le rôle joué par les combattants algériens dans la libération de la France et pour leur rendre hommage. Elles ont réitéré la volonté exprimée par les chefs d'État français et algérien en 2012 de concourir à la paix des mémoires.
18. Les deux parties ont exprimé leur souhait de poursuivre le travail engagé par la cinquième rencontre du groupe de travail sur les archives qui a permis, en mars 2016, d'adopter un cahier des charges opérationnel pour progresser dans la négociation archivistique. La France se tient à la disposition de son partenaire algérien pour la tenue d'une prochaine réunion, notamment en matière de coopération et de remise des copies numérisées déjà

disponibles. Les deux parties se félicitent à cette occasion de la remise, en marge du CIHN, de copies des inventaires réalisés, qui décrivent trente-sept fonds d'archives.

19. Les deux parties ont confirmé leur volonté d'aboutir sur le dossier de la restitution des restes humains présumés algériens conservés dans les collections publiques françaises. Elles se sont accordées sur la nécessité de mettre en place une commission chargée d'identifier ces restes et de faire évoluer le cadre juridique français sur cette question.
20. Faisant suite à la première réunion du groupe de travail mixte sur l'indemnisation des victimes algériennes des essais nucléaires français au Sahara ou leurs ayants droit à Alger le 3 février 2016, les deux parties sont convenues de la mise en place d'un dialogue spécifique dans les meilleurs délais.
21. Les deux parties se sont félicitées de l'ouverture de discussions bilatérales sur les disparus algériens et français de la guerre d'indépendance et ont réaffirmé leur volonté de faciliter la recherche et l'échange d'informations pouvant permettre la localisation des sépultures de disparus algériens et français de la guerre d'indépendance. Elles sont convenues de tenir prochainement une seconde réunion du groupe de travail chargé de ce dossier.
22. Les deux parties ont exprimé leur satisfaction à la suite de travaux engagés pour une meilleure coordination entre les institutions de sécurité sociale des deux pays et la réduction des situations contentieuses. Elles sont convenues de tenir une prochaine session de la commission dédiée, à Paris, au cours du deuxième semestre 2018.
23. Les deux parties ont mis l'accent sur l'importance du renforcement de la coopération bilatérale en matière religieuse concernant la formation des imams et des aumôniers algériens exerçant en France, afin d'améliorer leur connaissance de la langue et des institutions françaises. Elles se sont félicitées des progrès réalisés lors de la deuxième réunion du groupe de travail sur les affaires religieuses et sont

convenues de continuer à développer cette coopération qui pourra s'étendre au dialogue interreligieux.
Les deux parties ont souligné de manière particulière l'importance des échanges d'expériences en matière de déradicalisation et sont convenues de faire de cette question une priorité dans le cadre du dialogue politique stratégique établi entre les deux pays.

Coopération institutionnelle, éducative et culturelle

24. Les deux parties ont réaffirmé leur volonté de poursuivre et d'intensifier la coopération bilatérale. Elles se félicitent du niveau qualitatif et quantitatif des actions entreprises dans le cadre du document cadre de partenariat 2013-2017. Elles marquent leur volonté de renouveler, à très brève échéance, ce document afin d'ouvrir de nouveaux axes de travail pour les années 2018 à 2022.
25. Les deux parties s'engagent à faire de l'employabilité des jeunes Algériens l'ambition majeure de leur coopération. Elles se félicitent des résultats concrets et satisfaisants obtenus en matière d'éducation, d'enseignement supérieur et de formation professionnelle ces dernières années, notamment par la création des Instituts des sciences et technologies appliquées (ISTA), par la relance de l'École supérieure algérienne des affaires, la réforme du programme « PROFAS » et la création d'antennes « Campus France » dans les instituts français.
26. Les deux parties se félicitent de la signature, au cours de cette session, de la convention-cadre pour la reconduction du réseau « Langue française et expressions francophones » qui permettra la poursuite d'activités scientifiques pour les jeunes doctorants jusqu'en 2021.
27. Les deux parties se sont félicitées de la signature lors de ce quatrième CIHN de la convention de partenariat tripartite sur l'implantation des filières d'excellence en

matière de formation professionnelle en coopération avec l'entreprise Schneider Electric et le développement de la formation aux métiers des secteurs de l'électricité, de l'automatisme industriel et de l'efficacité énergétique.

28. Les deux parties ont salué l'ouverture en septembre 2017 de l'annexe du lycée international d'Alger à Oran et s'engagent à l'ouverture en septembre 2018 d'une seconde annexe à Annaba.
29. Dans le domaine de l'enseignement supérieur et de la recherche scientifique, les deux parties ont enregistré avec satisfaction les résultats obtenus dans la mise en œuvre du programme boursier algéro-français de soutien à la mobilité et dans la réalisation de thèses de doctorat (PROFAS B+).
30. Tout en faisant part de l'état d'avancement de la mise en œuvre du programme de partenariat institutionnel (PROFAS C+), les deux parties ont invité les institutions concernées à mieux mobiliser les moyens conjoints permettant de réaliser les objectifs prioritaires de cette coopération.
31. Les deux parties ont encouragé les autres actions de coopération visant à renforcer l'employabilité des jeunes diplômés, notamment par la signature à l'occasion de ce quatrième CIHN d'une convention-cadre du réseau mixte des écoles supérieures qui vise à accompagner les grandes écoles algériennes et françaises dans leurs actions de collaboration dans les domaines de la formation, de la recherche et du développement technologique.
32. Les deux parties sont convenues de renforcer leur coopération dans le domaine culturel. Elles se sont félicitées des invitations respectives de la France au Festival international de la bande dessinée d'Alger et de l'Algérie au Festival du cinéma méditerranéen à Montpellier.
33. Les deux parties s'engagent à promouvoir un rayonnement culturel dans les deux pays, en permettant l'ouverture de nouvelles antennes culturelles algériennes et françaises, par le biais notamment de la délocalisation de

certaines activités culturelles de l'Institut français d'Algérie et du Centre culturel algérien en France et de la création d'Espaces France en liaison avec les universités.

34. Les deux parties ont relevé avec satisfaction le bilan positif de la coopération en matière de protection civile et les progrès réalisés par les deux institutions de protection et sécurité civiles des deux pays. Elles s'engagent à poursuivre cette coopération concrète et opérationnelle, notamment par la mise en place d'un nouveau plan pluriannuel de protection civile à partir de l'été 2018.

35. Les deux parties ont exprimé leur satisfaction concernant les échanges en matière de gouvernance territoriale. Elles sont convenues de la tenue en Algérie au premier trimestre 2018 du séminaire Walis-Préfets qui permettra un échange d'expériences et se félicitent du haut niveau de coopération bilatérale dans ce domaine.

Partenariat économique

36. Au titre du partenariat industriel et technologique, les deux parties notent avec satisfaction que les progrès enregistrés dans la poursuite des objectifs énoncés dans la déclaration conjointe sur l'amitié et la coopération, signée à Alger le 19 décembre 2012, se sont concrétisés d'une manière encourageante. Elles se félicitent de la signature du projet d'usine PSA à Oran le 12 novembre 2017 et rappellent par là même la volonté politique des hautes autorités des deux pays d'accompagner ces projets en leur assurant toutes les conditions de succès.

37. Les deux parties se sont réjouies du travail accompli dans le cadre du Comité mixte économique franco-algérien (COMEFA), dont la quatrième session s'est tenue à Alger le 12 novembre 2017, ouvrant ainsi des perspectives nouvelles pour une densification et une diversification du

partenariat entre les opérateurs économiques des deux pays.

38. Elles ont réitéré leur volonté de poursuivre la construction du partenariat bilatéral dans une logique de coproduction et d'investissements croisés, vecteurs essentiels pour le développement des liens économiques, et favoriser par la même occasion le transfert de savoir-faire et de technologie, ainsi qu'à travers la montée en puissance de projets innovants, notamment pour la jeunesse. Les deux parties sont convenues d'étudier les modalités de mise en place d'un mécanisme bilatéral pour faciliter les investissements dans les deux pays.

39. Elles ont marqué leur volonté d'approfondir leur partenariat dans des secteurs stratégiques pour la diversification de l'économie algérienne dans les domaines ciblés tels que l'industrie, notamment automobile, l'agriculture, la mobilité territoriale, le numérique, la transition énergétique, et le tourisme.

40. Elles se réjouissent de la relance des activités de l'Agence française de développement en Algérie. Elles conviennent de poursuivre les discussions engagées sur les conventions de financement des études sur les énergies renouvelables, de l'appui au ministère des Ressources en eau et des ateliers thématiques « ville durable, planification urbaine et valorisation des fonciers et immobiliers ».

41. Elles portent une attention particulière au rôle que jouent les PME et les ETI dans la densification du tissu d'échanges bilatéraux, à tous les niveaux, et s'engagent à faciliter leurs activités et leurs implantations.

42. Elles soulignent l'intérêt des discussions engagées en matière de coopération entre les secteurs publics et privés pour promouvoir l'employabilité des jeunes, notamment par le projet de création d'une école formant des techniciens et ingénieurs de production et par la proposition de l'entreprise Peugeot/PSA de développer en Algérie une formation professionnelle sur les métiers de l'automobile

qui viendra utilement compléter les centres de formation du groupe Renault.

43. Elles conviennent de l'importance des relations avec l'Union européenne à travers l'Accord d'association.

Calendrier bilatéral

44. Les deux parties ont confirmé certaines des échéances bilatérales importantes de l'année 2018, notamment la tenue d'une réunion ministérielle du Comité mixte économique franco-algérien (COMEFA), la prochaine réunion du comité de suivi du CIHN et du dialogue stratégique.
45. Elles conviennent par ailleurs de poursuivre leur coordination afin de faciliter l'organisation des réunions ministérielles du 5+5 « Affaires étrangères » et « Finances ».
46. Les deux parties se sont entendues sur la tenue de la cinquième réunion du CIHN en 2018 en Algérie.

ANNEXE 4

Archives relatives à l'Algérie

Classements, numérisations et mises en ligne
Bilan et perspectives, 2017-2024

Présentation des fonds relatifs à l'Algérie

Le classement des archives de l'Algérie a toujours été une des principales préoccupations des directrices et directeurs des ANOM depuis 1966.

Les Archives nationales d'outre-mer conservent trois types de fonds d'archives relatifs à l'Algérie :

– *les archives ministérielles* issues des ministères ayant successivement eu en charge l'Algérie, à savoir le ministère de la Guerre et de l'Intérieur (1830-1910), le ministère des Affaires algériennes (1945-1963), le ministère du Sahara (1956-1961) (soit 600 mètres linéaires) ;

– *les archives territoriales* produites par les services de l'administration française en Algérie avant 1962 et transférées partiellement en 1961 et 1962, telles que celles du gouvernement général d'Algérie (puis délégation générale et haut-commissariat), préfectures et préfectures régionales, sous-préfectures, communes mixtes, sections administratives spécialisées, services de police… (7 000 mètres linéaires) ;

– *les archives d'organismes publics ou semi-publics* comme la Banque d'Algérie et de Tunisie (notamment dossiers de personnel), le Crédit foncier Algérie-Tunisie, l'Organisation commune des régions sahariennes, le Bureau industriel algérien (soit 2 300 mètres linéaires).

L'ensemble de ces archives constitue un total d'environ dix kilomètres linéaires. Les archives territoriales rapatriées sont estimées à 10 à 12 % du total des archives produites en Algérie avant 1962.

Bilan des traitements déjà effectués

... en matière de classement et de description de fonds d'archives

L'ensemble des fonds relatifs à l'Algérie, qu'ils soient déjà classés ou non, sont identifiés et décrits dans l'« état général des fonds », mis en ligne sur le site Internet des ANOM :

(http://anom.archivesnationales.culture.gouv.fr/ark:/61561/wz818idcda).

75 % de ces fonds sont classés et accessibles en salle de lecture. Environ 2 kilomètres linéaires restent à classer.

Depuis une dizaine d'années, les classements ont porté en priorité sur les fonds :

– du gouvernement général d'Algérie (notamment les archives des cabinets civils et militaires),

– des services de police (renseignements généraux, services régionaux de la police judiciaire, commissariats de police),

– des préfectures (notamment services des liaisons nord-africaines et sous-préfectures).

355 instruments de recherche décrivent ces fonds déjà classés : 80 instruments de recherche (20 %) sont d'ores et déjà disponibles en ligne sur le site des ANOM (http://anom.archivesnationales.culture.gouv.fr/ir) et sur le portail France Archives (https://francearchives.fr/) tandis que 275 instruments de recherche sont disponibles sous forme numérique ou numérisée sur demande et sous forme papier consultable en salle des inventaires des ANOM.

… en matière de numérisation de documents

Parallèlement, seize fonds ont été numérisés.

Sont déjà visualisables en ligne plus de 600 000 images, à savoir :

– les archives des bureaux arabes de l'Algérois, de l'Oranie et du Constantinois pour la période 1830-1922 (séries I, II, J, JJ et K, KK du gouvernement général de l'Algérie),

– les registres des procès-verbaux des conseils de gouvernement de 1832 à 1870 (sous-série 3F du gouvernement général d'Algérie).

S'ajoutent à cet ensemble l'état civil de l'Algérie (717 028 images) et les registres matricules militaires (427 945 images).

Près de 1,2 million d'images sont encore en cours de contrôle, de retraitement et d'indexation en prévision de leur mise en ligne (voir liste ci-dessous).

Perspectives de travail pour la période 2020-2024

… en matière de traitement, de description de fonds et de rétroconversion des fonds

Des classements sur de grands ensembles sont à terminer (renseignements généraux d'Oran, préfecture de Constantine) ; d'autres classements seront entrepris (ministère du Sahara, secrétariat général du gouvernement général de l'Algérie). Le classement des archives des communes mixtes sera poursuivi et achevé, tout comme celui des dossiers de procédure de non-lieu issus des tribunaux algériens des régions de Constantine et d'Alger (voir tableau détaillé en annexe).

Entre 2020 et 2024, 1 200 m.l. auront ainsi fait l'objet d'un classement (87 % de l'ensemble). Resteront à classer environ 1 100 m.l.

Un marché de rétroconversion de l'ensemble des instruments de recherche existant aux ANOM est en cours, dont l'objectif est que tous ceux relatifs à l'Algérie soient mis en ligne d'ici 2024. Il portera donc sur les 275 instruments en recherche non encore accessibles via le portail IREL.

Cette opération concernant les instruments de recherche relatifs à l'Algérie est d'autant plus prioritaire que les chercheurs algériens sont nombreux à travailler sur ces fonds.

... en matière de numérisation de documents

Comme évoqué précédemment, des fonds déjà numérisés seront mis en ligne progressivement (notamment le fonds du sénatus-consulte du gouvernement général de l'Algérie relatif à la délimitation des tribus et des douars).

Cette mise en ligne permettra d'avoir accès à 320 m.l. d'archives, qui représentent l'ensemble des fonds numérisés sur l'Algérie jusqu'en 2020.

La numérisation sera poursuivie par des séries relatives à la propriété indigène (séries M du gouvernement général). En 2024, plus de 70 m.l. compléteront les fonds précédemment numérisés, soit 390 m.l. au total.

Dans le même temps, les ANOM transmettront à l'Algérie l'ensemble des inventaires réalisés au fur et à mesure du classement des fonds, ainsi qu'une copie des fonds numérisés.

... en matière de recherches administratives et historiques

Les ANOM envisagent la rédaction d'un guide de recherches administratives sur l'Algérie (recherches sur la nationalité, l'état civil, le recrutement militaire, les assignations à résidence...) en lien avec le SIAF et les services d'archives du ministère des Armées et du ministère des Affaires étrangères.

L'absence d'information relative aux fonds d'archives antérieurs à 1962 actuellement conservés en Algérie est fortement préjudiciable à l'orientation des chercheurs, professionnels ou amateurs, et des particuliers, notamment des citoyens algériens, toujours plus nombreux à solliciter les ANOM pour des documents qu'elles sont pourtant réputées ne pas détenir (état civil indigène, cadastre, actes notariés, jugements civils et correctionnels, etc.).

Les ANOM participent enfin aux travaux interministériels pilotés par le SIAF concernant la facilitation de l'accès aux archives relatives aux disparus de la guerre d'Algérie, pour la part qui les concerne : dérogations générales, déclassifications, guide sur les archives. Ces travaux déboucheront ensuite sur l'élaboration commune d'un guide des sources sur la guerre d'Algérie.

Documents ottomans

Parmi les archives territoriales transférées partiellement lors de l'indépendance ont été retrouvés, au fur et à mesure des classements, des documents dits « ottomans » antérieurs à la présence française en Algérie et rédigés en langue turque.

Ces documents ont fait l'objet à diverses reprises de restitution à l'Algérie :

– en 1967, André Chamson a remis à l'ambassadeur d'Algérie 450 registres ou cahiers (soit 47 cartons) ;

– en 1975, Valéry Giscard d'Estaing a remis lors de sa visite en Algérie des registres originaux en langues turque et arabe (152 cartons) ;

– le 6 décembre 1981, l'ambassade de France en Algérie a remis des registres turcs antérieurs à 1830 (15 cartons) ;

– le 21 octobre 2001, des traités de la série C du gouvernement général d'Algérie « archives espagnoles » (XVIe-XIXe siècles) (4 cartons) et des documents divers non classés des XVIIIe-XIXe siècles (2 cartons).

À l'occasion du dernier récolement des ANOM en 2018, un reliquat de 10 cartons a été retrouvé et pourrait faire l'objet d'une restitution à l'Algérie. Le fonds comprend des documents financiers et comptables et des cahiers d'exercices de grammaire arabe (XVIIe-XIXe siècles).

Archives relatives à l'Algérie

Classements, numérisations et mises en ligne
Bilan et perspectives, 2017-2024

Classements effectués sur la période 2017-2019

Fonds territoriaux

Intitulé du fonds	Métrage linéaire	Instrument de recherche	Objectifs
Gouvernement général de l'Algérie 8G naturalisations	3,4 m.l.	Disponible en salle des inventaires	Mise en ligne dans le cadre du marché de rétroconversion
Gouvernement général de l'Algérie Finances 1Q et 2Q	26 m.l.	Disponible en salle des inventaires	Mise en ligne dans le cadre du marché de rétroconversion
Préfecture d'Alger 4G État civil des indigènes	12,4 m.l.	Disponible en salle des inventaires	Mise en ligne dans le cadre du marché de rétroconversion
Service régional de police judiciaire d'Oran	33 m.l.	Disponible en salle des inventaires	Mise en ligne dans le cadre du marché de rétroconversion
Commune mixte de Djurdjura	28 m.l	En ligne http://anom.archivesnationales.culture.gouv.fr/ark:/61561/dk989oiv	
Commune mixte de Palestro	2,2 m.l.	En ligne http://anom.archivesnationales.culture.gouv.fr/ark:/61561/bd408vpm	

Intitulé du fonds	Métrage linéaire	Instrument de recherche	Objectifs
Commune mixte de l'Edough	4 m.l.	En ligne http://anom.archivesnationales.culture.gouv.fr/ark:/61561/sd382uwsv	
Commune mixte de Jemmapes	14,5 m.l.	En ligne http://anom.archivesnationales.culture.gouv.fr/ark:/61561/iu157bvx	

Total des classements 2017-2019 : 123,5 m.l.

Travaux de classement 2020

Fonds ministériels

Intitulé du fonds	Métrage linéaire	Instrument de recherche	Objectifs
Bureau des successions 83F	54 m.l.	Fin du classement Mise en ligne de l'instrument de recherche	
Ministère de l'Intérieur. Dossiers de personnel F 80	85 m. l.	Fin du classement Instrument de recherche disponible en salle des inventaires	Mise en ligne dans le cadre du marché de rétroconversion 2020-2023

Fonds territoriaux

Intitulé du fonds	Métrage linéaire	Instrument de recherche	Objectifs
Gouvernement général de l'Algérie 8Q Caisse des dépôts et consignations	37 m.l.	Mise en ligne	
Gouvernement général de l'Algérie. Série U assistance et hygiène	30 m. l.	Mise en ligne	
Gouvernement général de l'Algérie Cabinet militaire (1940-1945)	5 m.l.	Instrument de recherche disponible en salle des inventaires	Mise en ligne dans le cadre du marché de rétroconversion

Intitulé du fonds	Métrage linéaire	Instrument de recherche	Objectifs
Passeports de la sous-préfecture de Blida	8 m.l.	Fin du classement	Mise en ligne dans le cadre du marché de rétroconversion
Fonds de la commune mixte de Ténès	22 m.l.		Mise en ligne 2021
Fonds de la commune mixte de Tiaret	16 m.l.		Mise en ligne 2021
Fonds de la commune mixte de Djendel	15,5 m.l.		Mise en ligne 2021
Fonds de la commune mixte de Boghari	8,5 m.l.		Mise en ligne 2021
Tribunaux algériens	50 m.l.		Fin de classement prévu en 2022

Travaux de classement à venir 2021-2022

Fonds ministériels

Intitulé du fonds	Métrage linéaire	2021	2022
Ministère du Sahara	101 m.l.	Début de classement	Classement

Fonds territoriaux

Intitulé du fonds	Métrage linéaire	2021	2022
Gouvernement général de l'Algérie. Série O. Affaires économiques	38 m.l.	Classement et mise en ligne de l'instrument de recherche	
Distinctions honorifiques Alger/Oran	43,5 m.l.		Classement
Fonds de la commune mixte de Djebel	15 m.l.	Classement	Mise en ligne de l'instrument de recherche
Fonds de la commune mixte de Cherchell	48 m.l.	Classement	Mise en ligne de l'instrument de recherche
Fonds de la commune mixte de Fort-National	11 m.l.	Classement	Mise en ligne de l'instrument de recherche

Intitulé du fonds	Métrage linéaire	2021	2022
Fonds de la commune mixte de Chéliff	55 m.l.	Classement	Mise en ligne de l'instrument de recherche
Fonds des tribunaux algériens	100 m.l.	Classement 50 m.l.	Classement 50 m.l.

Travaux de classement à venir 2023-2024

Fonds ministériels

Intitulé du fonds	Métrage linéaire	2023	2024
Ministère du Sahara	101 m.l.	Fin du classement	Mise en ligne de l'instrument de recherche
Organisation commune des régions sahariennes	160 m.l.	Début de classement	Fin de classement et mise en ligne de l'instrument de recherche

Fonds territoriaux

Intitulé du fonds	Métrage linéaire	2023	2024
Gouvernement général de l'Algérie. Secrétariat général	147 m.l.	Début de classement	Fin de classement et mise en ligne de l'instrument de recherche
Distinctions honorifiques Alger/ Oran	43,5 m.l.	Mise en ligne de l'instrument de recherche	
Département d'Alger Police du département des étrangers	50 m.l.	Classement	Mise en ligne de l'instrument de recherche
Fonds des tribunaux algériens	50 m.l.	Classement	Mise en ligne de l'instrument de recherche
Fonds des communes mixtes	60 m.l.	Classement	Mise en ligne de l'instrument de recherche
Fonds des communes mixtes	60 m.l.	Classement	Mise en ligne de l'instrument de recherche

Archives numérisées en ligne

Intitulé du fonds	Métrage linéaire	Adresse instruments de recherche en ligne (IREL)
Gouvernement général de l'Algérie. Conseil de gouvernement : procès-verbaux et documents annexes (3F)	38 m.l.	http://anom.archivesnationales.culture.gouv.fr/ark:/61561/zh311pkw
Gouvernement général de l'Algérie. Bureaux arabes de l'Algérois (II)	27 m.l.	http://anom.archivesnationales.culture.gouv.fr/ark:/61561/wu656f0b
Gouvernement général de l'Algérie. Bureaux arabes de l'Oranie (JJ)	39 m.l.	http://anom.archivesnationales.culture.gouv.fr/ark:/61561/jh328jdb
Gouvernement général de l'Algérie. Bureaux arabes du Constantinois (KK)	31 m.l.	http://anom.archivesnationales.culture.gouv.fr/ark:/61561/qz984pju
État civil		http://anom.archivesnationales.culture.gouv.fr/caomec2/recherche.php?territoire=ALGERIE
Registres matricules militaires	74 m.l.	http://anom.archivesnationales.culture.gouv.fr/regmatmil/?nom=&prenoms=&territoire=Alg%C3%A9rie&bureau=&date=&from=&to=&mode=registres+matricules

Numérisation et mise en ligne 2020-2021

Intitulé du fonds	Métrage linéaire	2020	2021
F 80 cartes et plans	495 m.l.	Mise en ligne	
Films du gouvernement général de l'Algérie	186 m.l.	Mise en ligne	
Agences des concessions d'Afrique	1,2 m.l.		Mise en ligne
Gouvernement général de l'Algérie. Correspondance. 1EE	1,5 m.l.		Mise en ligne
Gouvernement général de l'Algérie. Conseil de gouvernement. 2F, 4F et 5F	1,5 m.l.		Mise en ligne
Gouvernement général de l'Algérie. Affaires indigènes 1HH-2HH	5,5 m.l.		
Gouvernement général de l'Algérie. Propriété indigène. 8M	15 m.l.	Numérisation	Mise en ligne
Gouvernement général de l'Algérie. Dons et acquisitions. X	52 m.l.		Mise en ligne
Gouvernement général de l'Algérie. Sénatus-consulte M	43 m.l. et 1 750 plans		Mise en ligne

Gouvernement général de l'Algérie. Registres du conseil du gouvernement 3F	38 m.l.		Mise en ligne
Gouvernement général de l'Algérie. Travaux publics. 1N et 2N	14 m.l. et 500 plans		Numérisation
Gouvernement général de l'Algérie. Procès des chefs de l'insurrection de 1871	1,2 m.l.	Mise en ligne	
Préfecture d'Alger. Colonisation. 6M	0,5 m.l.		Mise en ligne
Préfecture d'Oran. Colonisation. MM	2,5 m.l.		Mise en ligne

Numérisation et mise en ligne 2022-2024

Intitulé du fonds	Métrage linéaire	2022	2023	2024
Préfecture d'Oran. Séquestre et propriété indigène. NN	30,5 m.l.	Mise en ligne		
Préfecture d'Oran. Population. 1G	37,5 m.l.	Mise en ligne		
Préfecture d'Oran. Tribus du sénatus-consulte. 2N	14 m.l.	Numérisation		Mise en ligne
Préfecture de Constantine. Service de la propriété indigène. N	30 m.l.	Numérisation	Fin de numérisation	Mise en ligne

Bibliographie sélective

sur les mémoires de la guerre d'Algérie

Alcaraz, Emmanuel, *Les Lieux de mémoire de la guerre d'indépendance algérienne*, Paris, Karthala, 2017.

Besnaci-Lancou, Fatima, Falaize, Benoît et Manceron, Gilles, *Les Harkis, histoire, mémoire et transmission*, Paris, éditions de l'Atelier, 2010.

Branche, Raphaëlle, « Première partie : Le poids de la demande sociale ou le passé visité par les mémoires » et « Deuxième partie : Quelles sources pour quelle histoire ? », dans *La Guerre d'Algérie : une histoire apaisée ?*, Paris, Seuil, 2005, p. 15-146 et p. 146-250.

Carlier, Omar, *Entre nation et djihad. Histoire sociale des radicalismes algériens*, Paris, Presses de Sciences Po, 1995.

Cherki, Alice, *Mémoires anachroniques, Lettre à moi-même et à quelques autres*, La Tour-d'Aigues, éditions de l'Aube, 2016.

Dalisson, Rémi, *Guerre d'Algérie. L'impossible commémoration*, Paris, Armand Colin, 2018.

Dosse, Florence, *Les Héritiers du silence. Enfants d'appelés en Algérie*, Paris, Stock, 2012.

Eades, Caroline, *Le Cinéma post-colonial français*, Paris, Cerf-Corlet, 2006.

Fleury-Vilatte, Béatrice (avec la participation de Pierre Abramovici), *La Mémoire télévisuelle de la guerre d'Algérie (1962-1992)*, Paris, L'Harmattan, 2000.

Frémeaux, Jacques, *La Conquête de l'Algérie. La dernière campagne d'Abd el-Kader*, Paris, CNRS éditions, 2016.

Gallissot, René, *La République française et les Indigènes*, Paris, éditions de l'Atelier, 2007.

Hamounou, Mohand, *Et ils sont devenus harkis*, Paris, Fayard, 1993.

Hajjat, Abdellali, *Immigration postcoloniale et mémoire*, Paris, L'Harmattan, 2005.

Harbi, Mohammed, *1954, La guerre commence en Algérie*, Bruxelles, Complexe, 1984.

Hennebelle, Guy (dir. avec le concours de Mouny Berrah et de Benjamin Stora), *La Guerre d'Algérie à l'écran*, *CinémAction*, n° 85, Paris, Corlet-Télérama, 1997.

Henry, Jean-Robert, « L'histoire aux prises avec les mémoires. L'exemple du musée avorté de Montpellier sur l'histoire de la France et de l'Algérie », in *L'Année du Maghreb*, n° 19, 2018-II, p. 133-164.

House, Jim et MacMaster, Neil (trad. Christophe Jaquet), *Paris 1961 : les Algériens, la terreur d'État et la mémoire*, Paris, Tallandier, 2008.

Ibrahim-Lamrous, Lila et Mikovitch-Rioux, Catherine (dir.), *Regards croisés sur la guerre d'Algérie*, Clermont-Ferrand, Presses universitaires Blaise-Pascal, 2005.

Jauffret, Jean-Charles, *La Guerre d'Algérie. Les combattants français et leur mémoire*, Paris, Odile Jacob, 2016.

Jordi, Jean-Jacques et Hamoumou, Mohand, *Les Harkis, une mémoire enfouie*, Paris, Autrement, Coll. « Monde/Français d'ailleurs, peuple d'ici », Hors-série n° 112, 1999.

Leconte, Daniel, *Les Pieds-Noirs : histoire et portrait d'une communauté*, Paris, Seuil, 1983.

Maazouzi, Djemaa, *Le Partage des mémoires. La guerre d'Algérie en littérature, au cinéma et sur le web*, Paris, Classiques Garnier, 2015.

Martini, Lucienne, *Racines de papier. Essai sur l'expression littéraire de l'identité pieds-noirs*, Paris, Publisud, 1997.

Pervillé, Guy, *Pour une histoire de la guerre d'Algérie (1954-1962)*, Paris, A. et J. Picard, coll. « Signes du temps », 2002.

Quemeneur, Tramor, avec Stora, Benjamin, *La Guerre d'Algérie, textes et documents*, Paris, Les Arènes, 2011.

Rioux, Jean-Pierre (dir.), « Cinquième partie : Séquelles et enjeux de mémoire de la guerre d'Algérie », dans *La Guerre d'Algérie et les Français*, Paris, Fayard, 1990, p. 497-616.

Ripoll, Hubert, *L'Oubli pour mémoire*, La Tour-d'Aigues, éditions de l'Aube, 2019.

Rochebrune, Renaud et Stora, Benjamin, *La Guerre d'Algérie vue par les Algériens*, t. 1 : *Des origines à la bataille d'Alger*, Paris, Denoël, 2011.

Rochebrune, Renaud et Stora, Benjamin, *La Guerre d'Algérie vue par les Algériens*, t. 2 : *De la bataille d'Alger à l'indépendance*, Paris, Denoël, 2016.

Ruscio, Alain, *Le Credo de l'homme blanc. Regards coloniaux français, XIXe-XXe siècles*, Bruxelles, Complexe, coll. « Bibliothèque Complexe », 1996 ; rééd. 2002.

Sebbar, Leila et Mathieu-Job, Martine (dir.), *L'Algérie en héritage. Textes inédits*, Paris, Éditions Bleu autour, 2020.

Sellam, Sadek, *L'Islam et les musulmans en France*, Paris, éditions Tougui, 1987.

Sidi Moussa, Nedjib, « Occultation étatique et réappropriations privées : tensions mémorielles autour de la question messaliste en Algérie (1964-1994) », in *Matériaux pour l'histoire de notre temps*, n° 117-118, 2015.

Simon, Catherine, *Algérie, les Années pieds-rouges*, Paris, La Découverte, 2011.

Stora, Benjamin, *Imaginaires de guerre. Les images dans les guerres d'Algérie et du Viêt-nam*, Alger, Casbah, 1997 ; Paris, La Découverte, 1997.

Stora, Benjamin, *La Gangrène et l'Oubli. La mémoire de la guerre d'Algérie*, Paris, La Découverte, 1991 ; Poche, 2005.

Thénault, Sylvie, *Histoire de la guerre d'indépendance algérienne*, Paris, Flammarion, 2012.

Yacine, Tassadit, *Avec Mouloud Mammeri*, avec Hafid Adnani, Paris, éditions Non Lieu, 2018.

Bibliographie sélective

sur les rapports entre la France et l'Algérie

Beaugé, Florence, *Algérie, de la guerre à la mémoire. Paris-Alger, quel avenir ?*, préface de Benjamin Stora, Paris, éditions du Cygne, 2008.

Blanchard, Pascal et Veyrat-Masson, Isabelle, *Les Guerres de mémoires. La France et son histoire*, Paris, La Découverte, 2008.

Brahimi el Mili, Naoufel, *France-Algérie. 50 ans d'histoires secrètes*, Paris, Fayard, 2017 (t. 1) et 2019 (t. 2).

Chaulet-Achour, Christiane et Fort, Pierre-Louis (collectif), *La France et l'Algérie en 1962. De l'Histoire aux représentations textuelles d'une fin de guerre*, Karthala, 2013.

Cyrulnik, Boris et Sansal, Boualem, *France-Algérie. Résilience et réconciliation en Méditerranée*, Paris, Odile Jacob, 2020.

Esprit (revue), *France-Algérie. Les blessures de l'histoire*, mai 1990.

Hassani-Idrissi, Mostafa (dir.), *Méditerranée. Une histoire à partager*, Paris, Bayard, 2013.

Henry, Jean-Robert, *L'Algérie et la France. Destins et imaginaires croisés*, Archives, Aix-en-Provence, Éd. CAOM, 2003.

Levet, Jean-Louis et Preure, Mourad, *France-Algérie, Le grand malentendu*, Paris, L'Archipel, 2012.

Meynier, Gilbert, *L'Algérie et la France. Deux siècles d'histoire croisée*, Paris, L'Harmattan, 2017.

Savarese, Éric (dir.), *Interactions franco-algériennes*, in *Némésis*, revue d'analyse juridique et politique, n° 5, Paris, 2004.

Stora, Benjamin, *La Guerre des mémoires*, La Tour-d'Aigues, éditions de l'Aube, 2005, rééd. 2020.

Tuquoi, Jean-Pierre, *Paris-Alger, couple infernal*, Paris, Grasset, 2007.

Verdès-Leroux, Jeannine, *L'Algérie et la France*, Paris, Robert Laffont, coll. « Bouquins », 2009.

XXI, revue, *France-Algérie, secrets de famille*, Paris, 2011.

Table

DU MÊME AUTEUR

OUVRAGES

Messali Hadj : pionnier du nationalisme algérien, Paris, Le Sycomore, 1982 (rééd. Paris, L'Harmattan, 1986 ; Hachette, 2004).

Dictionnaire biographique de militants nationalistes algériens, 1926-1954, Paris, L'Harmattan, 1985.

Nationalistes algériens et révolutionnaires français au temps du Front populaire, Paris, L'Harmattan, 1987.

Les Sources du nationalisme algérien : parcours idéologiques, origine des acteurs, Paris, L'Harmattan, 1989.

La Gangrène et l'Oubli : la mémoire de la guerre d'Algérie, Paris, La Découverte, 1991 ; Poche, 2005.

Histoire de l'Algérie coloniale (1830-1954), Paris, La Découverte, 2004 (1re éd. 1991).

Ils venaient d'Algérie : l'immigration algérienne en France (1912-1992), Paris, Fayard, 1992.

Aide-mémoire de l'immigration algérienne : chronologie (1922-1962). Bibliographie, Paris, C.I.E.M.I., 1992.

Histoire de la guerre d'Algérie (1954-1962), Paris, La Découverte, 1992.

Histoire de l'Algérie depuis l'indépendance, t. 1 : *1962-1988*, Paris, La Découverte, 1994.

L'Algérie en 1995. La guerre, l'histoire, la politique, Paris, Michalon, 1995.

Dictionnaire des livres de la guerre d'Algérie, Paris, L'Harmattan, 1996.

Imaginaires de guerre, Algérie-Viêt-nam, en France et aux États-Unis, Paris, La Découverte, 1997.

Appelés en guerre d'Algérie, Paris, Gallimard, coll. « Découvertes », 1997.

Algérie, formation d'une nation, suivi de *Impressions dans l'Est algérien*, Paris, Atlantica, 1998.

Le Transfert d'une mémoire : de l'« Algérie française » au racisme anti-arabe, Paris, La Découverte, 1999.

La Guerre invisible. Algérie années 90, Paris, Presses de Sciences Po, 2000.

Algérie-Maroc, Histoires parallèles, destins croisés, Paris, Maisonneuve et Larose, 2001.

La Dernière Génération d'octobre, Paris, Stock, 2003.

Les Mots de la guerre d'Algérie, Toulouse, Presses universitaires du Mirail, 2005.

Le Livre, mémoire de l'Histoire, Paris, Le Préau des collines, 2005.

Les Trois Exils, Juifs d'Algérie, Paris, Stock, 2006.

La Guerre des mémoires : la France face à son passé colonial (entretiens avec T. Leclère), La Tour-d'Aigues, éditions de l'Aube, 2007.

Les Guerres sans fin, un historien entre la France et l'Algérie, Paris, Stock, 2008.

Les Immigrés algériens en France : une histoire politique, 1912-1962, Paris, Hachette Littératures, 2009.

Le Mystère de Gaulle : son choix pour l'Algérie, Paris, Robert Laffont, 2009.

Le Nationalisme algérien avant 1954, Paris, CNRS éditions, 2010.

Histoire de l'Algérie : XIXe et XXe siècles, Paris, La Découverte, 2012.

La Guerre d'Algérie expliquée à tous, Paris, Seuil, 2012.

De Gaulle et la guerre d'Algérie, Paris, Fayard, coll. « Pluriel », 2012.

Voyages en postcolonies, Paris, Stock, 2012.

La Guerre d'Algérie expliquée en images, Paris, Seuil, 2014.

Les Clés retrouvées. Une enfance juive à Constantine, Paris, Stock, 2015.

C'était hier en Algérie… De l'Orient à la République, une histoire des Juifs d'Algérie, Paris, Larousse, 2016.

Juifs, musulmans : la grande séparation, Paris, L'Esprit du temps, coll. « Quoi de neuf ? », 2017.

68, et après. Les Héritages égarés, Paris, Stock, 2018.

Retours d'histoire. L'Algérie après Bouteflika, Paris, Bayard, 2019.

Une mémoire algérienne, Paris, Robert Laffont, 2020.

OUVRAGES EN COLLABORATION

Avec Zakya Daoud, *Ferhat Abbas, Une utopie algérienne*, Paris, Denoël, 1995.

Avec Guy Hennebelle et Mouny Berrah, *La Guerre d'Algérie à l'écran*, Corlet, 1997.

Avec Akram Ellyas, *Les 100 portes du Maghreb*, Paris, éditions de l'Atelier, 1999.

Avec François Malye, *François Mitterrand et la guerre d'Algérie*, Paris, Calmann-Lévy, 2010.

Avec Tramor Quemeneur, *Algérie 1954-1962 : lettres, carnets et récits des Français et des Algériens dans la guerre*, Paris, Les Arènes, 2010.

Avec Renaud de Rochebrune, *La Guerre d'Algérie vue par les Algériens*, t. 1 : *Des origines à la bataille d'Alger*, Paris, Denoël, 2011.

Avec Renaud de Rochebrune, *La Guerre d'Algérie vue par les Algériens*, t. 2 : *De la bataille d'Alger à l'indépendance*, Paris, Denoël, 2016.

Avec Edwy Plenel, *Le 89 arabe, réflexions sur les révolutions en cours*, Paris, Stock, 2011.

Avec Christian Boyer, *Bibliographie de l'Algérie indépendante, 1962-2010*, Paris, CNRS éditions, 2011.

Avec Jean-Baptiste Péretié, *Camus brûlant*, Paris, Stock, 2013.

Avec Alexis Jenni, *Les Mémoires dangereuses*, suivi d'une nouvelle édition de *Transfert d'une mémoire*, Paris, Albin Michel, 2016.

Avec Sébastien Vassant, *Histoire dessinée de la guerre d'Algérie*, Paris, Seuil, 2016.

DIRECTION D'OUVRAGES

Avec Mohammed Harbi, *La Guerre d'Algérie, 1954-2004 : la fin de l'amnésie*, Paris, Robert Laffont, 2004.

Avec Émile Temime, *Immigrances : l'immigration en France au XXe siècle*, Paris, Hachette Littératures, 2007.

Avec Linda Amiri, *Algériens en France. 1954-1962 : la guerre, l'exil, la vie*. Catalogue de l'exposition, Paris, Autrement/CNHI, 224 p.

Avec Abdelwahab Meddeb, *Histoire des relations entre juifs et musulmans des origines à nos jours*, Paris, Albin Michel, 2013.

Composition : Nord Compo
Impression : CPI Bussière en février 2021
Éditions Albin Michel
22, rue Huyghens, 75014 Paris
www.albin-michel.fr
ISBN : 978-2-226-46076-9
N° d'édition : 24434/01 – N° d'impression : 2054454
Dépôt légal : mars 2021
Imprimé en France